lol ≠ lots of love

爱情是个冷笑话

荞麦 著

人民文学出版社

图书在版编目（CIP）数据

爱情是个冷笑话 / 荞麦著 . －北京：人民文学出版社 .2012
ISBN 978-7-02-009235-2

Ⅰ . ①爱… Ⅱ . ①荞… Ⅲ . ①长篇小说－中国－当代 Ⅳ . ① I247.5

中国版本图书馆 CIP 数据核字（2012）第 126002 号

特约策划：何家炜
责任编辑：文　珍
封面摄影：陶立夏
装帧设计：汪佳诗

爱情是个冷笑话
荞麦 著

人民文学出版社
www.rw-cn.com
北京市朝内大街 166 号 邮编：100705
山东德州新华印务有限责任公司印刷 新华书店经销
字数 115 千字 开本 889×1194 毫米 1/32 印张 7.25
2012 年 8 月北京第 1 版 2012 年 8 月第 1 次印刷
ISBN 978-7-02-009235-2
定价：23.00 元

三个27岁的女人

一位"过来人"曾经带着一种酸溜溜的口气教导我们仨："你们以为那些优秀男人是为你们准备的吗？不，那是为没有大脑的女人准备的。"为了表明我们是有大脑的女人，因此我们没有嫁出去。

早晨万般不情愿地醒来，第一个跳入脑海的念头是：27岁。昨天过生日时的宿醉还没完全醒，27！这个数字打击得我很震撼，一下子回不过神来。

为此我顺手将身边的男人的胳膊都揪红了。身边的男人跟我同居一年，早已经知道处变不惊这个道理。他只是龇牙咧嘴地瞪了我一眼，说：……神经病！

然后各自起床。刷牙，洗脸，看着镜子中的自已悲从中来……

所以星座是非常有道理的，星座书说：双鱼座是最容易沉醉于廉价伤感的星座。

据说在劣等星座中，双鱼座排名最后一个，也就是最劣等的星座。作为一个最劣等的双鱼座，我沉醉于廉价伤感中整整五分钟之后，才想到了安慰自己的方法，那就是跟其他两个同样是27岁的女人见面，互相安慰……以及……互相攻击。

张晶。陆微。想到这两个名字，一下子觉得还蛮温暖的。

我们三个女人今年都是27岁，认识的这段时间里，我们仿佛连体婴儿，吃喝玩乐几乎都在一起，虽然我们对彼此的定义仅仅是狐朋狗友，但是在这种哀怨的时刻，我第一个想到的，依然是她们。

在我们三个中，毫无疑问，陆微绝对是武林高手。她是学法语的，现在在一家文化中心工作。天生的品位与气质，让男人以泡她为荣，要是没被她泡过，简直比被她甩掉还惨。与她“万花丛中过，片叶不沾身”的境界相比，我的道行简直就是在草坪上滚了一圈，浑身草屑、狼狈不堪的那种。

陆微关于男人有很多名言和很多的教导，如果整理一下，可以编成《现代职业单身女性御男术大全》。我跟张晶一旦产生有关于男人的难题和疑惑，必定会去请教她。而我们关于男人的难题又特别多，因此在我们仨认识的这段时间里，陆微又当爹又当妈，都快忙死了。

张晶则是另一种类型。她身高一米七,长腿,长发,瘦,是一家知名通讯公司的小白领,事业还算成功,生活一塌糊涂。作为一名假模假式的主管,张晶把大部分时间都用来训斥手下的小小白领了。剩下的小部分时间,我们就聚集在熟悉的咖啡馆里,各自都点一支烟,把男人来个剥皮拆骨,痛快淋漓之后回头继续为男人烦恼。这种变态的娱乐方式,在这个时代已经遍布各个发达城市。城市越发达,城内的未婚怨女就越多,这已经是现在社会最严重的问题之一。

这天早晨我伤感之后,便是跟她们两人例行的电话会议,最终决定老地方见。于是,在我生日第二天的晚上,我们仨坐在一家咖啡厅的露天座位上聊天,猛然发现我们已经认识了两年时光,于是不禁个个都开始摇头感叹。

“两年呀,七百多个日日夜夜,我容易嘛我。”陆微甩甩她没什么可甩的短头发说。她的短头发很俏皮,但是她最近总说要留披肩长发,去勾引纯情小男生。

“是呀,”张晶接口道,“一个星期总要见几次,就算见不到也要在网上聊……简直忠贞过结婚……”

“如果允许女人跟女人结婚就好了,最好还允许三个女人结婚,那我们肯定是个美满家庭。”我也不禁叹口气。

哪知道她们齐齐数落我，“结婚狂，连我们都不放过……”

相处了两年，彼此已经毫无禁忌。该骂时骂，该笑时笑，女人跟女人，25 岁之后比男人可靠得多，也可爱得多。

我跟陆微和张晶的相识，很偶然。当然，很多时候我们跟别人相遇都是因为偶然，唯一的区别是，这偶然能够持续多久。

说起我们的相识，倒也是曲折离奇。我最初认识的人，其实是张晶的前男友。

张晶的前男友是个学哲学的。我们碰巧认识了，正好大家都空窗得无聊，有一天，我们便约在茶社交流一下灵魂深处的思想，以及一些浅薄的哲学问题。这是城中最热闹的一家茶社，气氛良好，服务周到。我喝着珍珠奶茶，他喝着绿茶，我与他眉来眼去，差点将珍珠奶茶与绿茶混作一处。

这时，邻桌的一个女人忽然走过来，白背心，简单的牛仔裤，震慑人心的长头发。她轻巧地往我们桌子上一靠，风情万种，长发遮住半边脸，似笑非笑地打量了一下哲学男人，又打量了一下我。

“又换女朋友啦?”她笑得眉毛都弯了，促狭无比，甚至眨了眨眼睛。

哲学男人顿时乱了方寸，涨红了脸，看看我，什么都不敢说，半天才答:“好久不见……”

我跟哲学家的暧昧气氛立刻土崩瓦解……真是郁闷,男人总是这么蠢钝又窝囊。我坐在旁边不肯说话,又觉得非常莫名其妙,我跟此男人,本来不能说没有发展,但是此时此刻,我却忽然发现我跟他没有任何发展的必要了。

于是那女人得意地看了我一眼,扭着小腰走到另一桌去了。

我轻声问哲学男人:"她是谁呀?"

哲学男人嘟嘟囔囔地说:"唉,交往过一阵子。"

我心里大大地不服气起来,原来是典型的旧情人狭路相逢,结果委屈了我这个新欢。我郁闷地扭过头去,定睛一看,发现那女人与另一个男人也正满脸桃花。而且,真是好运气,她桌上坐的男人,我也认识。于是我也扭着小腰到了他们那一桌,亲热地冲那个男人喊了一声:"大作家,别来无恙啊。"

不用说,不打不相识,这个女人就是张晶。

张晶那时的男朋友,是个正在埋头写小说和剧本的自由写手,这年头在网上写东西的人多如牛毛,都想一举成名天下知。奇怪的是,虽然名利没沾上,但是却非常容易吸引女白领。

我们曾经总结说,或许文学男青年和女白领将是都市中最流行的组合。前者浪漫,后者有钱;前者不拘一格,后者紧密配合。真是搭配得天衣无缝。

张晶身边这个小作家曾经央求过我给他发篇稿子,还请我吃了顿饭。稿子的内容大概是吹捧他新出的网络穿越长篇是如何地不与时下的其他穿越小说同流合污。结果稿子当然没有发出来，穿越这种题材还不就是比谁更加能够同流合污嘛。

网络作家看着我，难免有些尴尬。他的长发和黑边眼镜都在诉说着他此时的心虚。而我偏偏死坐在那里不肯走，跟他有一搭没一搭地聊天。

“听说你最近出了本新书？”

“唉，随便写了玩玩的……”

“不要谦虚嘛，改天送我一本拜读拜读呀？我们报社很多女记者都崇拜你呢……”

“这个……其实我这本小说，读者评价还挺好的，卖得也不错……你看你们报社是不是要关注一下？”

此时，张晶忽然很响亮地喊道：“小姐，买单！”小姐愣了一下，拿着单子小跑到张晶面前来，刚把手伸出来，张晶斜她一眼，指指作家：“男人买单！”作家的汗简直就快要滴下来了，他尴尬地将单子拿过去，还偷偷瞄了张晶一眼。我努力压制住了得意的贼笑。

隔了几天，作家又约我喝茶，大概还在惦记着那篇评论，我一下班就跑去赴约，忽然发现自己其实对张晶更感兴趣。

张晶与我一起迟到，在门口竟然正好碰到了。我们看了一眼对方，笑了笑，算是一笑泯恩仇了，然后又坐在门口抽了支烟、聊了会天才进去。

进去后,大家坐下来。作家甩甩他的长头发,很得意地说:“栗子呀,我今天还要介绍一个著名主持人给你认识!”

陆微那天就跟在那个著名主持人后面像一团红色火苗似的来了,她走得一跳一跳的,穿了件红色T恤。那个男主持人则面目模糊。我跟张晶毫无表情地互相望了一眼,已经知道此女必然不同凡响。陆微一坐下来,先拿出一支烟来,然后挨个儿把在座的男人都损了一遍。整个过程中她都一副很不耐烦的样子,讲出来的话无一不刻薄得让人想立刻去死。

书上说世界上不相干的两个人之间只要经过六次转换就能够互相联系上,这一点我很同意。事实上我们仨认识也不过通过三个人。我通过张晶的前男友认识了张晶,又通过张晶重逢了她的作家男朋友,接着我们又在她作家男朋友的带领下认识了陆微的主持人男友,于是我们又认识了陆微。关系有点复杂吧?

不过,我跟张晶竟然立刻喜欢上了陆微。就像我那天就很喜欢张晶一样。女人总是能在人群中立刻发现跟自己气息相通的人,以及跟自己气息相抵触的人,这是女人的天赋。

等陆微跟男主持人分了手,而张晶又跟网络作家分了手之后,那些男人猛然发现,他们出现的惟一意义就是串起了我们三个女人，引导我们三个女人认识而已。我不知道他们是否觉得气馁，或者觉得很没面子，总之后来，我们与这几个男人相遇在大街上索性连招呼都不打了。但是我们仨，却越走越近，成了闺中密友。这一点，男人们没想到，我们也始料未及。

我们更始料未及的是，过了两年之后，我们依然没什么进步，单身的单身，非法同居的非法同居，竟然一个都没嫁掉。在我们互相蹉跎的岁月中，我们不仅错过了能结婚的男人，也错过了结婚最好的时机。

不过总是提及结婚有点蠢，我们也尽量不提，于是我们便只恋，不提爱；只上床，不提其合法性。人生如此短促，我们除了学会让自己开心，别无他法。

用张晶的名言说，我们嫁不出去，都是时代和社会犯下的错。但是问题是，我们无法向别人解释这个时代和社会犯下的深重的错误。我们只能骂女权主义。

搞什么女权主义嘛！女人们像之前一样唯男人是瞻，没那么多花头心思多好，一辈子守着一个男人，不管他是懦弱、无能还是花心甚至阳痿，都守住他，一心一意，多省事啊。结果呢，现在女人越能干越嫁不出去。

一位“过来人”曾经带着一种酸溜溜的口气教导我们仨：“你们以为那些优秀男人是为你们准备的吗？不，那是为没有大脑的女人准备的。”

为了表明我们是有大脑的女人，因此我们没有嫁出去。

没有嫁出去并没什么大不了的，但是值此两年相识之际，大家想到两年里生活竟然没什么改变，还是有点悲从中来。而且更令人悲伤的是，似乎我们的生活还要这样继续下去，想到这一点，我们仨不禁略微收敛了笑容，显出一点点愁眉不展的意思。

于是我便问出了当晚最重要的一句话："为什么我们三个不相干的人认识，只需要通过三个人，而我跟我未来的丈夫，却至今未曾联系上呢？"

"因为你要的丈夫，大概在火星上吧。"张晶边说边拿着她的长头发编辫子玩。

我真搞不懂，堂堂一个主管，留着这么长的头发干嘛。难道白领不应该都是干练的短发或者职业的披肩发吗？据说张晶这头长发确实遭到过很多人包括她上司的指责，但是她哀怨地说，"说不定，以后会有一个男人因为我的长发爱上我呢？"

牵扯到爱情这么宏大的命题，其他人自然不敢多说，连她的德国上司也闭了嘴。但是他经常会来问张晶，"Joy，有男人爱上你的长发了吗？"

张晶的英文名叫Joy，所以她不喜欢我们喊她张晶，我们喊她张Joy，张快乐。

其实我跟陆微都知道，张晶留长发，不过是因为懒得去折腾。张晶懒，而且没心没肺，我们一直想不通她是如何当上主管的。但是她又冷不丁地冒出些精彩的句子来，令你不知道如何是好。

我得承认，此时她连火星都搬了出来，我实在不知道该说什么。我只能赞同地说："可能吧，可能我们要的男人都在火星上。"

得出如此惆怅的结论之后，我们只好悻悻然地各自回家了。

一个想被包养的美好心愿

多少次我想,如果能辞掉这份工作,每天养养花,游游泳,喝喝茶,研究一下人生这个粗浅的东西……每次想到这里我都会笑出声来。

当然,作为三个人中唯一一个非法同居者,其实对于内心的不爽和焦虑,我是有点不好意思的。因为我跟詹京已经同居一年多了。

当然,亦舒说,同居是最不好的关系,但问题是,有什么关系是好的呢?至少同居可进可退。詹京是一个很有风度的男人,比我大整整 10 岁,离婚,自己开家公司,算得上有一点钱吧。他喜欢穿平整的 T 恤。我每天早晨起床后的第一个任务就是给他烫他的 T

恤。听起来很像被包养的女人那么幸福吧？其实根本不像大家想得那么逍遥。

我只是他的女友，我有自己的工作。他并没有把钱放在抽屉里等我去花。

如果是那样，倒也好了。

这个年代，女人都希望被养起来。青春短暂，不浪费也会过去，如果能拿来换钱，何乐而不为呢？大家都追看亦舒的《喜宝》，喜宝讲："我想要很多很多爱，如果没有，那就给我很多很多钱。"怀着这样的理想，喜宝终于遇到一个非常非常有钱的男人。所有女人都羡慕她，有男人能送给她一座城堡，而且把钱放在抽屉里随她拿。喜宝要做的事情就是慨叹人生苦短，世事不公平，她生来贫穷只能靠出卖自己挣钱。真是得了便宜又卖乖。事实上，有多少女人连出卖自己的机会都没有。

多少次我想，如果能辞掉这份工作，每天养养花，游游泳，喝喝茶，研究一下人生这个粗浅的东西……每次想到这里我都会笑出声来。

于是有一次我就鼓足勇气问詹京："不如你养我吧？我索性辞职，做个全职……"

"太太"那两个字还没来得及出口，就被迅速扼杀了。

詹京十分耐心地打断我说："不，我不想像养孩子一样养一个女人。”

于是我每天只好还是坐一个小时的公车去上班。中间还要倒一次车。有时候等公车等半个小时，上车时忍不住要骂司机。但是又不舍得每天上下班都打车。詹京总说：“你打车走吧。”说得轻松，也没见他给打车钱。男人最爱口头关怀别人。

陆微说男人是这样的，他们经常分不清楚语言和事实，他们觉得只要说过了就是做了。比如他们总是说：“你那破工作，不想做就别做了。”然后他们便满足了，便觉得自己已经养了你了。而事实上后来他们再也不提出什么其他具体的方案了。你还是做着你的破工作。

我问陆微：“真的有人这么跟你说过吗？那为什么詹京连这句话都不肯说？”陆微被我逼得只好用同情的目光看我。

原来，男人都想养陆微这样的女人。想到这里，万念俱灰了。

由于我跟陆微的功力相差太大，因此我与张晶更为患难与共。

这天晚上结束了三人会谈之后，我跟张晶一辆车回家，此时的时间才不过是晚上八点，照道理，八点才是一天的刚刚开始。我很不乐意如此结束一个周末，提议去逛街，张晶欣然答应，于是我们就杀向了繁华的市中心。

商场才是女人的心灵归宿，我一旦受挫就会这么想，每次在商场里我都听到自己的心在悄悄地说："哇，我好幸福。"我生气时去商场，高兴时去商场，一个人时去商场，跟女朋友在一起时还希望拉她们去商场。商场对于女人的意义，远远超过男人，它比男人包容、稳定，有时候还给你惊喜——疯狂打折。没有商场，女人该怎么过呢？我完全想像不出来。就像那句广告词说的："失去商场，女人将会怎样？"

我买了一件桃红的背心，一副要进入第二春的架势。张晶也不甘示弱地买了双粉红的凉鞋，两人在镜子前左照右照，差点问出："魔镜，魔镜，我们是不是最漂亮的高龄单身女人？"

照完买完，这才心满意足地散了。

一个木讷男人的奇袭

在这个男人都狡猾无比的城市里能遇到一个憨厚的、可供你随意玩耍的对象，是多么的难得啊。姑娘我当时心里充满了作为一个嫖客的欣喜。

不知为何，这一年尤其流行荧光色，粉红、果绿……仿佛所有的女人都渴望再做回少女，呼唤纯真的声音也一浪高过一浪。他们总是这样，隔几年就要搞一次回归，其实已经一个比一个走得远。

我很不愿意去追赶流行，要是跟着流行跑，还不如去跑马拉松。不过，这次还是凑巧赶了一回。回到家里，刚把背心试到身上，手机竟然又响了。

我拿起手机，发现是我那30岁的木瓜表哥打来的，喊我去酒吧喝酒。我看看时间，已经快11点了，但是想到明天是周末，立刻没有了顾忌，立刻决定穿上新买的桃红背心杀将过去。它使我在黑夜里像个红色交通灯，对男人喊停：停留在此。多么有创意的想法！

表哥在电话里兴高采烈地说："栗子呀，你听了我的话千万不要太激动！因为，我今天要介绍一个好男人给你哦。"

激动个鬼！类似的话，他每天像念经一样跟我说了无数遍。到今天也没见他介绍半个像样的男人给我，我对他本来还抱着一点期望，现在早已经越听越绝望。我表哥见我不信，又加重语气破釜沉舟地说："这次我要把罗笠介绍给你认识！"

我的这位表哥是我身边最纯洁的一个男人——一个女朋友，两套房子，半个成功人士，开着家小贸易公司和一辆小破车。他跟我情同手足，不过他最近又跟罗笠情同手足。由此可见，我表哥是个非常平易近人的家伙。自从他有一次认识了勤勤恳恳的银行中层罗笠之后，听说他们就经常一起在酒吧里消磨时光。

我表哥跟我多次提及这个男人，说他如何成熟稳重，但是总是不见庐山真面目。而我则一直对此心存怀疑，有没有搞错？竟然叫"罗笠"，他干嘛不索性叫"戴笠"？

其实这天，他们两个在酒吧越喝越寂寞，于是男人的自尊心受创，急于找人来证明自己尚且年少风流。他们决定分头打电话找女人出来，并且想看看究竟谁找得多找得好。

我表哥想了半天，竟然找不到一个合适的未婚女性，仔细排查，这才想到我来。本来以为要丢脸了，没想到罗笠虽然喊了一圈，而对方也个个答应出席，似乎胜券在握的样子，结果还是狼狈地输给了我的表哥，因为，他喊的那些美女一个都没到，最后只有我一个人傻乎乎去了。由此大家也可以想见，这两个男人的异性缘是多么多么地差。

我刚坐下来，表哥就向我介绍身边那个一脸严肃的男人。我没空理他，但是表现很勇猛，很有职业道德，我喝了很多啤酒，又抽烟，搞得跟“一夜情女郎”一样，所以也就不奇怪为什么后来会那样……

我们是喝了十几瓶啤酒之后去的卡拉OK，大家的神智徘徊在模糊和放空之间。出了门来，钻进出租车，兜了好几圈，才摇摇晃晃地找了家卡拉OK。

其实唱歌一向是我的爱好，但却是我最不拿手的爱好。用我表哥的话说，我是属于那种永远找不着调的人，唱起歌来好像是不会开车的人开车飞奔，让其他人心惊胆战。

但是我得郑重声明，虽然我唱歌不拿手，但我真的是个热爱音乐的女人。这年头要是不热爱音乐，还怎么好意思出去混啊？音乐是上天给的礼物，虽然我没有收到。但是至少我还可以唱王菲，王菲的歌之所以能一直在KTV里红到今天，主要其实是因为唱起来不那么难。我勉勉强强唱了首《催眠》，“第一口蛋糕的滋味，第一件玩具带来的安慰……”记得当年大学里，谁失恋了就爱唱这首歌。

轮到罗笠点歌的时候，罗笠默默过去点了一首的《2002年的第一场雪》。音乐起来的时候我一时都没缓过神儿来，心想：“这哥们儿还挺会搞笑的。”现在还有人记得“刀郎”这个人吗？有一年，说起来好遥远好遥远，一数差不多有十年了吧：满大街都在放他的歌，都快把我听吐了。十年过去了，还有人记得他吗？所以当罗笠竟然非常认真地吼这首歌的时候，我忍不住给了他一个大大的白眼并且在心里嘀咕一句：神经病！

表哥竟然把这种男人介绍给我，真是令我黯然神伤。

说到刀郎，其实体会最深刻的是张晶。这一说，又是一个非常遥远的故事，简直透着一种复古的风采。

Long long ago，张晶莫名其妙搞起异地恋，竟然不顾地域局限，爱上了东北那旮旯一个小公务员。她跟我们讲这段故事的时候，我跟陆微完全搞不懂他们是怎么冲破收入、地域等重重障碍会合的。后来才知道，是张晶他们在那里的分公司出了点问题，张晶飞过去救急，偶然认识的。当时我们跟她还没认识，但她身边的其他女人也都明智地劝她别搞这种门不当户不对的爱情，但她青春期延迟，不肯听，觉得爱情真伟大，像个沙发，可以让她乱爬。

所有变态畸形的爱情中，我最不能理解的就是异地恋。已经不能统计有多少人在电话中浪费着他们的时间、唾沫、荷尔蒙还有所谓的感情。异地恋就好比是对着A片手淫，虽然是水中月、镜中花，但是参与者还是难免会达到高潮。曾经有人称异地恋就是一种精神上的高尚的恋爱，但是大家都知道那是骗人的，如果两人最终不能不辞辛苦风尘仆仆地睡到一张床上去，那他们说那么多废话难道只是为了锻炼自己当电台DJ？

张晶与东北那人，在电话里火热地聊天，差点把电话线都烧了。如此这般，几次三番，他们发现聊天已经完全不能解决问题了，于是张晶奋不顾身地直奔事故发生地。

结果，很快两个人就如我们想象般地分了手。

原因据说是那天这两个人坐在咖啡馆里你侬我侬的时候，那男人忽然要求咖啡馆放一首刀郎的《情人》。“你是我的情人……”那粗犷的声音响起来的时候，把张晶的七魂震掉了六魄，她仿佛睡美人一样忽然苏醒，重新认识了这个真实的世界，当晚就逃了回来。

张晶在惊吓之中跟我们说："喜欢在咖啡馆听刀郎的男人，实在太粗犷了……"

现在的女人，嫁不出去也真是活该。对于细节莫名其妙的苛刻绝对是阻碍女人出嫁的最大绊脚石。比如张晶，要是不嫌弃人家在咖啡馆听刀郎，可能早就在东北生下一个胖小子了。但是想到美丽的张晶，在东北的炕头上，抱着一胖儿子……还是算了。

我一个人在卡拉OK厅里，思考女人嫁人这个终极问题正思考得入神。那边罗笠已经吼得满脸青筋。我倒胃口无比，冲过去切了他的歌，点了一首舞曲。他吼到一半，没了声响，嗓子吊在半空中上不去下不来，非常失落哀怨地看了我一眼。而此时，缠绵的舞曲已经响了起来。于是表哥就站起来邀请我跳舞。表哥的跳舞水平与我的唱歌水平不相上下，他跳得像只跳蚤，而且是刚被喷了杀虫剂的跳蚤，我也差不多，纯粹是逮着机会死踩对方的脚。于是又换我跟罗笠跳。

又一首缠绵悱恻的情歌响起。他的手放在我的腰，我的脸贴着他的脸，我的手稍微用了点力气……气氛立刻暧昧了……我能清晰地感觉到他像一只受惊的猫一样竖起了背上的毛，在心里不禁嘲笑其没见过世面。正得意着，发现我大大地失策了。

就在表哥跑去洗手间的当口，他忽然低下头，亲了亲我的脸颊。

饶是我行走江湖多年，还是一下子有点懵住了。

我愣了半天，缓过神来，脸上还有一片潮湿的温暖。一刹那，忽然觉得这个男人非常的白痴，于是我厉声问罗笠："你很喜欢拈花惹草吗？"

他立刻期期艾艾地说："不是的，真的不是的……"

我不禁第一次认真地看他。他很瘦，梳着很糟糕很老土的发型。不知道为什么大部分公司男职员都有着如出一辙的浑浊的脸和笑容，一式的招牌微笑，一式的发型。如果以前看到这样的男人我会唾弃他的。现在我当然也会唾弃，如果他没有亲我脸颊的话。

脸颊是个很致命的部位。尤其是我这样一个喜欢脸红的姑娘。

我的脸果然红了。只好坐到沙发上去若无其事地拿他的手机玩，我拍了一张自己抬着脸的照片，只有脖子和下巴，显得暧昧又自得。拍完后凶巴巴地跟他说："不许删啊，下次见面要检查的。"他坐在旁边，又期期艾艾地说："不删，不删……"

我得承认，他这种毫无原则的软弱打动了我。在这个男人都狡猾无比的城市里能遇到一个憨厚的、可供你随意玩耍的对象，是多么的难得啊。姑娘我当时心里充满了作为一个嫖客的欣喜。当然，后来我才知道，男女关系这种事情，只要不给钱，就是互相玩，千万别自我感觉太好。

唱完歌后,出门时已经是凌晨5点了。在晨曦中表哥送我回家,我摇下车窗看了一眼罗笠,他的竹竿身材和老土发型……真是像极了一场噩梦啊……

第二天一早上线,我就把我的MSN名字改成了"脸颊工伤中……"。陆微先上线看到,我原本以为她会拷问我为什么用这么奇怪的名字,那我就准备羞答答地告诉她,"昨天我遇到一个男人……"

果然,她拷问了,"用这么肉麻的名字干吗?"

我刚开口:"昨天,我遇到一个男人……"

"男人关你脸颊什么事?"

"他亲了我的脸颊……"(我羞得跟个没见过世面的处女似的)

"他只是亲了你的脸颊?……你确定他真的是一个男人吗?"

…………

我只好打过去一个满脸是血的人脸。

接受完陆微的拷问后,我也发自内心地对自己鄙视起来。一个跟自己八竿子打不着的男人。一个木讷寡言唱刀郎歌曲发型糟糕身材精瘦的男人,第一次见这个男人,就知道他跟我的差距有多么大了,我竟然还当回事儿似的,还让他亲了我的珍贵的脸颊!太丢人了简直。

说到底,他只是个跟我偶尔遇到的男人,甚至不比我偶尔遇到的女人停留得长久。这个时代,连一夜情也可以转身忘记,何况是脸颊上一个廉价的吻。于是不久,我甚至已经把他给忘记了。忘记一个男人,比忘记某人欠我一百块钱容易多了。

所以,现在,要让别人永远记住自己的方法只有一个,就是:欠债不还钱!

这句名言,在几天之后起到了作用。

晚上临近下班的时候,张晶忽然打电话来,说是原来跟网络作家在一起的时候,作家曾经给了她一张卡。她放在那里也一直没看,但是这天,她无意中打开这张卡,一眼扫过去,发现上面赫然表明,卡里竟然有5千块。

张晶当时与作家之所以分手,原因很简单,是因为作家又爱上了另一个女白领,作家嘛,感情自然比较丰富,做派自然也是出人意表。

张晶花了三个晚上给这五千块定义,它是分手费?还是借贷?还是神经质的产物?如果算是分手费,张晶觉得太少了。如果是借贷,谁要向他借钱啊?唯一的可能就是,这是她前男友发神经的结果。

我们喊上陆微,见面研究这个不解之谜。张晶问我们要不要把钱还给他。陆微觉得用还钱的方式提醒别人曾经发过神经病是很不人道的。而我则觉得,不还钱,可以让这个男人永远地记住她。多年之后,他连自己的初夜给了谁都忘记了之后,他依然会记得给了某个女人5千块,而那个女人没有还给他……

张晶说,“好,咱就不还了。”

我说:“那我们都知道你现在有五千块的赃款,你总应该表示一下吧。”

于是我们三人杀向日本料理。

男人多半恨日本料理,嫌弃日本料理内容太少,吃不饱,而且太做作;而女人则普遍喜欢“没有那么多,只有一点点”的日本料理。所以不奇怪,我们在日本料理店遇到罗笠的时候,罗笠是一脸的痛苦,而他身边的妞则很高兴。

我一进门就看到了他,心里竟然咯噔一下。他与一个女人坐在正对着门的位子,大好的四人座位被他们俩占了,还不肯对面做,非挤着坐在同一边。那女人还夹块寿司不由分说地向他嘴里塞去,他张大嘴不停地接收一个又一个寿司,已经撑成了包子。我看到他那样儿,差点“噗嗤”笑了出来。

这么狼狈的情景中,在陆微和张晶面前,我自然不想跟他相认,不然她们一定会批判我以强凌弱。而他塞了一嘴的寿司,扭头看了我一眼,也很合作地装作不认识我。大家如此心有灵犀,我于是很贤淑地提出这里人太多，不如换家店。

走出店门的时候我想，他的女朋友竟然长得不错呢。依稀见她穿套淑女套装，笑得贤良淑德，典型的人见人爱都市好女人啊。

想到这里的时候，我又情不自禁检讨了一下，为什么我竟然会鄙视罗笠呢？就因为他的发型和穿着我不喜欢，而且又没有伤害人的本领吗？难道经过这么多年的情场厮杀之后我的是非观审美观道德观已经变态吗了？这样一个温和的半成功男人，是多少妈妈梦想中的好女婿啊，多少女人心中的救世主啊，我为什么要为他有个漂亮女朋友而感到惊奇呢？

坐在另一家日本料理，带着一种复杂的心情，我们大吃一顿。张晶买单买得也是豪爽无比。天上掉下来的钱嘛。

吃完饭，又到商场，张晶再次刷掉 2 千块，买了看中已久的一件上衣。张晶刷卡的姿势英武非凡，同时也使我跟陆微觉得愉快，甚至比自己花钱还愉快。现在女人的生活，表面上繁华，其实简单到极致。除了工作、恋爱、跟女朋友鬼混，根本没有其他事情可以做。而且工作一点乐趣也无，纯粹是为了挣钱去血拼，血拼后却更空虚。总之全都没救了。

出了门，我跟张晶心满意足地回家了。而陆微则去赴另一个约会。

不要和已婚夫妇鬼混

没想到现在这个世道已经完全变了，遵守“一夫一妻”制的竟然是两个诗人，而普通公务员却在外面养情人了。世风日下，世风日下。

陆微是个现代都市的标准交际花，她的朋友成分很庞杂：未婚、已婚、已婚又单身；商人、艺术家、艺术商人；学生、老师、还在当学生的老师；作家、DJ、当作家的 DJ 等等等等，诸如此类千奇百怪。似乎是无法调和的一堆奇怪的人，但是偏偏他们就调和在陆微四周，由此可见陆微的人格魅力有多大。

不过俗话说，海纳百川，有容乃大。我私下觉得，陆微的 C 罩杯功不可没。

每次我们打电话给陆微，问她在干嘛，她总是拖长声音，慢腾腾地说："在吃饭哪，和某某某还有某某啊。"这个某某某，一般都是个知名人士。我们听了之后，都由衷地对陆微产生了钦佩之心，一个经常和名人吃饭的女人，就算不是个成功人士，也必定是个了不起的人吧！

放下电话之后，仿佛为了把这种荣耀也带到自己身上，我们都会大声地说，"哦，她在跟某某某吃饭。"尤其是在公共场合，我们的声音就会发得很大，超过在座的所有声音。一般，此时其他声音都会安静下来，然后很多人偷偷看看我们。不过，不要误会，绝对不会传来羡慕的眼神，一般都是……鄙夷的眼神。

所以我们开始明白，名气这个东西，是不适合共享的。

今天陆微要约的就是一对著名的夫妇，诗人夫妇，两个人都写诗。用陆微的话说，这绝对是一对超凡脱俗的夫妇！而我则心想，何止超凡脱俗，简直是恐龙级的保护动物呀。要知道，在这个时代，还坚持写诗，还是两个人一起写，还住在郊区的豪华别墅里写，还经常开派对讨论怎么写，这简直是个神话。张晶总结说，绝对是硕果仅存的中产阶级诗人。硕果仅存！

他们跟陆微的关系，很不一般。不一般到有点微妙的程度。

男诗人现在是个心宽体胖的人，但是据说年轻时还是个愤怒的诗人，那时候他很瘦，很英俊（现在则很殷实），吸引了一大批文学女青年来献身。但是自从他遇到现在的妻子，一个更狂热的女诗人之后，“他的心，犹如一只鸟，找到了自己的巢”。据说这是他亲口说的，但是我怀疑是杜撰，对于一个诗人来说，这无疑太直白了，完全不够诗意。但从此后他就一直效忠妻子，拒绝了外来的一次又一次、一次又一次的引诱，仿佛是个坚守阵地的勇士，打退了敌人对阵地一次又一次、一次又一次的进攻。

据说曾经有女人在他面前将自己扒了个精光。陆微在此时强调说，是精光！一件不剩！而他竟然谈笑自若，从英国文学谈到农村建设，硬是通过摆事实、讲道理的方法，使那女人又一件件把衣服穿了回去！

陆微说：“你们要知道，对一个诗人来说，劝女人穿衣服，可比劝女人脱衣服难太多了。简直太难了。但是他竟然做到了！”说这句话的时候，陆微的眼睛里闪出崇拜的光芒。

我们都“啧啧”赞叹，没想到现在这个世道已经完全变了，遵守“一夫一妻”制的竟然是两个诗人，而普通公务员却在外面养情人了。世风日下，世风日下。

大概是因为这个原因，陆微很喜欢跟他们夫妇交往，一起吃饭、喝茶、打台球。陆微是个台球高手，小腰往台球桌上一靠，就足以将在座男士一举歼灭。三个人的桌球有点奇怪，但是兴致盎然，两女一男的组合更是黄金搭档。

看上去，女诗人比男诗人更喜欢陆微，她觉得陆微长得像自己年轻的时候。当然这一点，陆微一直是有点意见的，尤其是她看过女诗人年轻时候的照片之后。

总之这三人相处和谐，后来发展到几乎每次那对诗人夫妇的室外活动都会叫上陆微，就连室内活动也经常邀请她，当然，大家不要想歪了，其实也就是派对啊酒会啊这类室内活动而已。

学法语的陆微，不知为何，对“酒会”这个词语很迷恋，每有酒会，必定奋不顾身，身着晚装隆重出席，而且一定要是开衩的晚装，至于这个衩开在哪里，也没有定律，有时在前，有时在后，有时在旁边。衩的长度则有讲究，一定要造成若隐若现的效果，同时又无可指摘。

这三人还经常开开无伤大雅的玩笑，比如女诗人就会说，“陆微呀，如果我们家那位要纳妾，没有人比你更合适了。我们三个人简直可以组成一个桃花源。”

某些时候，陆微也曾偷偷躲在被窝里，想想这个桃花源，当然只是想想而已。别说这根本不算是桃花源，就算真是桃花源，陆微也不会愿意为了一个桃花源放弃整个太平洋。

“要知道，好的东西不是适合所有人的。比如家庭。”陆微曾经非常郑重地跟我们说。

第一个站起来反对的就是张晶。“家庭当然适合所有女人，每个女人都需要一个家庭!”她好似婚姻介绍所的广告形象代言人。

我则对此保持沉默,我的意思是,要看怎么对家庭定义。难道我一个人拥有一个幸福的家,就不能称之为家庭吗?我的观点是,随着时代的进步,不一定要结婚生子才叫家庭,一个人愉快的生活也是家庭。当然这话不能说,不然,张晶为之追求的信仰就会消失了。

宁可夺人丈夫,不要破坏别人的信仰。

这天晚上,陆微告别了我们,就与诗人夫妇先在一家咖啡厅喝茶,谈论诗歌以及艺术。中文与法语交替进行,气氛高雅无比,很资产阶级情调,很上流社会。接着他们决定回到郊区别墅再开一瓶红酒,继续上流社会。于是驱车回到别墅。三个人在沙发上边喝酒边看一部艺术片,酒非常好,艺术片非常情色。但是,智商很高的陆微用她那四分之一还算清醒的脑袋判断,似乎气氛有点不对头了。

男诗人拿起桌子上的酒瓶,说了声:“这么快酒就没了。”

果然,一瓶上好的红酒已经被他们喝光。陆微觉得有点不好意思,怎么能把红酒当啤酒喝呢?还是这么贵的红酒!

但是女诗人站起来,豪爽地说,“没事,难得今天高兴,再开!”于是她就摇摇晃晃地往他们的酒柜方向径直走去。

只剩下男诗人与陆微坐在那里,陆微正想说点什么,歌颂一下现在的美好情景，忽然觉得腰间猛然一热，一只手未经同意，已经很自觉地放到了不该放的地方。

陆微有点糊涂的大脑里一下子敏捷地掠过了无数的念头。究竟是该拿开他的手，还是一动不动，还是若无其事地把身体移开呢？三个选择都没问题，但是这三个动作她都没有来得及做，女诗人已经以极快的速度拿了一瓶酒出现在了他们面前，陆微忍不住怀疑她是不是练过传说中的“凌波微步”。

虽然女诗人也喝多了一点，但是女人和妻子的本能还是使她一下子就抓住了问题的关键。她一下子就看到了男诗人的手放错了地方。她只有三秒钟的时间决定是冲上去揍这对狗男女，还是装作大度。作为一个聪明的女人，她选择了后者。

但是她依然冷了脸，不过不是对着自己的丈夫，而是对着陆微，说：“微微啊，时间不早了，你是不是该回家了呀？”

陆微无可奈何地站了起来。在以前，他们会留她在客房住，至少也会让男诗人送她回家。但是现在她知道，这一切都将是妄想。她挣扎着下了楼，发现竟然没有人出来送别。无辜、无奈以及恼火，使她郁闷无比。

郊区的夜晚很美丽，夜色迷人，空气清新。但是她无心欣赏，她站在夜风中等出租车等了整整半个小时，才终于等到一辆。不过她想：也好，以后再也不要来这个鬼地方了，连车都打不到！

从这件事里陆微觉得自己得到了很大的教训。

首先，已婚人士本来就应该被发配到另一个星球去，他们是她永远无法理解的一个群体。

其次，不管是什么样的已婚人士，他们的觉悟都非常非常低，包括诗人，或许连已婚的外星人都不能免俗。

陆微甚至想，他把手放在我的腰上，我还没来得及急呢，你急什么？当然她也只是在心里无奈地想了想而已。

关于处男你不可不知的ABC

这件事对我的震撼很大，严重影响了我的世界观。我一直以为我这辈子都不可能再遇到一个处男了。没想到竟然遇到了一个28岁的处男。

隔些天我让表哥请我吃饭，表哥顺口说要把罗笠喊上一起吃。

那天我穿得好像刚从河里摸鱼回来的样子，T恤下是一条牛仔中裤，本来不适合见客的，但是无聊中我忽然觉得去逗弄一个老实男人也挺有意思的。

生活中哪怕多一点新鲜色彩也好啊，哪怕是新鲜的灰色也好啊。我贱兮兮地想。

我主动去定了位子，又早早地占了桌子等。中途去了三次厕所看自己的脸是不是干净,我甚至在想,他来了之后,我第一句话说什么?或者等着他先跟我说话?我该提上次唱歌的事情吗?还是装作若无其事?我该嘲笑他在日本料理的情景吗?还是装作什么都没有看见?简直想到头疼。

结果……

他没有来。

我表哥一个人走进来的时候发现我摆了有史以来最臭的一张脸。那次我吃掉了表哥很多钱,但这并不能弥补我遭受重创的心灵。

我由此知道,哪怕最懦弱的男人,也有伤害女人的诀窍,那就是,对她视而不见,听而不闻,当她不存在。

我愤世嫉俗地吃一只虾,狠狠地吃。我表哥非常不满。

"喂,你用得着这么埋头苦吃吗?"

"那不然干嘛呀。老大,你知道不知道对着你很单调的?除了吃我实在想不到更有意义的事情做。"

我表哥于是无趣地低头沉默了一会,忽然他似乎掌握什么天大的秘密似的,凑过来跟我说:"告诉你件事情,你千万别告诉别人。"

"什么呀?"我勉为其难地问了一声。对于大惊小怪的表哥,我向来不抱希望。

但是,这次我错了。

我表哥又四处谨慎地看了看,然后压低声音神秘地跟我说:“你知道吗? 罗笠还是个处男。”

“处男?”我手里的虾掉在了衣服上,上衣光荣牺牲。

忽然听到这么震撼人心的词语我甚至一时语塞,非常认真严肃地跟表哥探讨:“你凭什么说他是处男,他都已经28岁啦。”

我表哥神秘地眨眨他的小眼睛,说:“我就知道。”

我相信了。一个女人可能不知道一个男人是不是处男,但是一个男人绝对知道。

我又充满好奇心地问:“他是怎么修炼到现在还是处男的呢?”

“这有什么奇怪的。大学期间不逃课,研究生时忙论文,工作之后向上爬。蓦然回首,已经成28岁的处男了。”

我刚想问他交个女朋友是干什么用的,但是终于没问出来。

买单时,我表哥忍不住对着账单大叫了一声:“你吃了这么多呀?”我只是无辜地看着天花板,装作没听见。

然后临走时,他又偷偷跟我说:“我看到罗笠的手机里有你的照片了。只有下巴和脖子。但是明显是你嘛。你们搞什么呀?”

我愣住了,因为我早忘记这回事了,愣了半天才想起来,天哪,他竟然真的没有删那张照片。难道不怕被女朋友发现,上演一幕殴打戏吗? 震惊之余,我饥饿的虚荣心得到了极大的满足。

这件事对我的震撼很大,严重影响了我的世界观。我一直以为我这辈子都不可能再遇到一个处男了。没想到竟然遇到了一个28岁的处男。而且他竟然还说话算数,存着我的照片没有删。我的心里于是偷偷地泛起了一点点涟漪。

关于处男,我最近才知道一个事实。原来不仅女人喜欢装处女,男人也喜欢装处男。我一个已婚女友有次兴奋地跟一帮闺中密友讲,她老公很丢人的,跟她新婚那夜竟然是第一次……她说"丢人"这个字的时候,脸色并不丢人,而是非常骄傲。以至于终于有好事之徒忍不住跑去嘲笑她老公,她老公开始只笑,后来嘟囔了一句:"看来我装得还挺像……"

不过,后来我们才知道,还有更厉害的,有一男,十足的花花公子,阅女无数,有一天幡然醒悟结婚了。新婚之夜,竟然也敢对新娘说他自己是处男……我们这群对他知根知底的女人,简直被吓呆了。用陆微的话说,如果他是处男,我们简直都是史前动物了。但是我们转念一想,要一个经验丰富的男人装处男是多么辛苦的一件事情啊,就好比要会计装作不认识数字一样,需要多大的演技啊。他简直可以拿最佳男主角了。

所以,在我碰到一个货真价实的处男的时候,立刻想到的,是"奇货可居"这个词语。

中国本土最专业的网上书店
在线销售300,000种的图书、音像、礼品、服装
订购／入会：400-6699-699
送
玩火的女孩
A.《玩火的女孩》
[瑞典] 斯蒂格·拉森 著
人民文学出版社 2010年8月出版
送
文学少女
渴望死亡的小丑
野村美月 著
B.《文学少女1》
[日] 野村美月 著
人民文学出版社 2010年9月出版
送
瘦身我最大
MOOK
C.《瘦身我最大》
[台] 英特发股份有限公司 编
中信出版社 2010年12月出版
送
可不可以不要铁饭碗
送
弯家有娘初长成
不靠方竹，也能出好笋！
D.《可不可以不要铁饭碗》
E.《弯家有娘初长成》
[台] 弯弯 著
人民文学出版社 2011年1月出版
www.99read.com
网上书城
Read club

这种震撼感，直到我回到单位坐到位置上开始写稿子都还没有能够得到有效的缓解。

我在自己的座位上打开电脑，泡杯咖啡，开始上网浏览论坛和新闻。

对，我在一家晚报工作，任务是写写娱乐新闻什么的。并不算艰苦的工作，甚至可以说我非常热爱它。因为我从明星的悲欢离合人生沉浮里更加了解了所谓人生的含义。当然，这些话太冠冕堂皇，其实我想说的是，要想学男女关系这一课，就应该好好研究娱乐圈。娱乐圈是个大学校，红男绿女，搞七搞八，非常具有教育意义。

比如王菲这个个案吧，由于我大小算她一个歌迷，因此对她的个人问题也很是关注。从她跟窦唯结婚开始，我就密切关注她的人生。

当我跟一个男朋友因为第三者插足分手的时候，她正在跟谢霆锋姐弟恋。我的情敌则坐在卡拉OK厅里唱王菲的《如风》——“有一个人，曾让我知道，寄生于世上，原是那么好”……边唱边深情而肉麻地凝视我的前男友，两个人的目光纠缠到一起，差点当场热吻。

而我，只好悲伤地躲在角落里唱王菲的《当时的月亮》——“回头看当时的月亮，曾经代表谁的心结果都一样……”

从这里我们知道，任何人都不该逞能去见前男友的新欢，不被气吐血才怪。

等王菲跟谢霆锋吹了之后，我遇到了詹京。又等她跟李亚鹏好上后，我跟詹京已经归于平淡。而现在，他们孩子都好几岁了，我还处于前路茫茫的阶段。

这个故事告诉我们，越优秀越有个性的女人，越容易寂寞，感情也越曲折。我每次都拿这个安慰自己。人家王菲都几次被人甩，你被甩一下又有什么大不了？如此一想，立刻英勇无比，最好再被甩个十次八次的。

话虽如此。我当年第一次被甩的时候，却也哭得死去活来，将我一辈子的眼泪都用光了，后来再哭，总觉得并不十分悲伤，似乎有关眼泪的悲伤就在那时被耗尽了。

甩了我的是章宇。他与我同一家报社。有行话说：好男不娶记者女，好女不嫁记者男。于是被广大群众抛弃的男女记者只好自己自由组合。我不幸跟跑社会新闻的章宇接上了头，此后我们终日交流，他告诉我谁杀了人，为什么杀，怎么杀的，尸体扔到哪里了。我则告诉他哪个明星跟哪个明星有一腿，哪个明星跟哪个明星在炒作。如是一年之后，他大概觉得听此类娱乐新闻很没有追求，产生不了什么实际效益，于是就跟经济部一个新来的女孩子混迹一处，每天去听大盘走势了。

我很是痛苦了一阵。失恋这种东西，不经历是不知道其中的酸苦的，而且看着别人失恋的痛苦状旁观者往往站着说话不腰疼。但是为了显示我的坚强与独立，我还是跑去跟他和他的新欢以及很多人卡拉OK了一把。在KTV里，我一个人裹着件大衣，一副肝肠寸断的样子，而且破例没有走调。失恋的人，情场失意，但是却会卡拉OK得意，这我以前倒是没想到。

不过，痛苦了一阵子之后便也罢了。我偶尔也会想到，他曾经打辆车追我的公交车，会想到他第一次拥抱我的时候，颤抖得仿佛风中的叶子。但是想这些有什么用处呢？除了提醒我一切都已经过去了之外？

不久我们报社办公室大调整，我们部和经济共用一个大办公室，于是我就经常见到他的新欢。有时候是在走廊，有时候在大厅，有时候在厕所……我们竟然还共用同一个茶水间和洗手间，这个世界真是奇妙。知道个中奥妙的人，都冲我挤眉弄眼的，估计够她们八卦一个月了。

当然，这件事对我也有一个很大好处。自从我们搬到一起办公之后，我每天上班的行头讲究了许多，每天都费心打扮，要是哪天穿得太过邋遢，我必定贴着墙根走，免得撞见那个女人，落她口实。

据说她长得好看，被评为这一年的“报花”。因此章宇非常得意,经常忍不住夸大这一点。我们分手后又吃过五次饭,其中三次他都夸他女朋友漂亮,每次都搞得我胃口不好。

不过,我没有让他得意太久,隔了半个月,我就遇到了詹京。

运气这件事是如此重要。没有运气的女人,比如我的朋友张晶,自从跟上一个男人分手后,很长时间都没再遇到合适的男人。

我遇到詹京后,剩下的两次与前男友的饭局,就轮到我夸詹京成熟稳重有实力。于是章宇便不再约我吃饭了,他开始骂我趋炎附势,爱好金钱。

事实上我是真的挺爱詹京的,事实上我也没得到詹京什么金钱。詹京虽然比我大 10 岁,但是难道有法律规定 37 岁的男人必须给 27 岁的女人钱吗?或者 27 岁的女人只是爱 37 岁男人的钱?我很想向大家解释,其实我爱詹京,但是恐怕连詹京自己都不肯信。

健身房的狭路相逢

我们不年轻了，但是没有太老；我们不穷，但也不够有钱；我们不难看，但也不天姿国色；我们不无知，但也不是先知……总之我们前不着村，后不着店，注定了我们也只能是半死不活。

晚上回家之后，詹京还没有回，大概又在何处应酬。我正翻看一本时尚杂志，上面正在讨论处男这个话题。标题振聋发聩：有多少处男还在等待！

内容里说，原来虽然表面上现在大家都性解放，其实在繁华都市里，还隐藏着许多成年处男甚至中年处男！他们的生存状况和心路历程究竟是怎么样的呢？他们有哪些烦恼与憧憬？他们对想交往的女性有何特别的想法呢？……

门外钥匙声响，知道是詹京回来了，我连忙把杂志扔进了沙发里。

第二天我请张晶吃饭。开始的时候我们都很沉默，仿佛有满腔心事。

有时候我偶尔也思考一下人生，觉得我们三个之所以比较失败，是因为我们处境尴尬。

我们不年轻了，但是没有太老；我们不穷，但也不够有钱；我们不难看，但也不天姿国色；我们不无知，但也不是先知……总之我们前不着村，后不着店，注定了我们也只能是半死不活。

可是我们，眼看着就要28了。28这个数字，是多么的可怕呀。想到明年我们就将28岁，有种末日降临的感觉。

仿佛心有灵犀，张晶的饭吃到一半，就心事重重地放下了筷子。

“怎么不吃了呀？”我一边问她，一边将筷子准确地伸向一块瘦一点的回锅肉。

“唉，腰整整肥了一圈，不能再吃了。”张晶西子捧心似地娇弱地说。

我迅速放下了刚夹起的回锅肉，又低头看了看自己的腰。确实，肥了整整一圈。心里立刻哀鸣不止。

张晶无比爱怜地拿手抚摩着自己的腰，像是在回忆一个传说一样，痴痴地说，“想当年，我的腰围，只有一尺八！”

“我当年一尺九。”我甘拜下风地说。

张晶的嗓音提高了八度，“可是，它现在已经二尺一了！”

这一点，大家是一样的，我的也是二尺一。所谓殊途同归，说的就是这个意思。

我忍不住也学着她，开始抚摩自己的腰。心情非常复杂，最严重的是愧疚，想到自己刚刚那样没有危机意识的大快朵颐，实在是太有罪恶感了。

或许，我们该去健身了。张晶一看引起我的连锁反应，顺势提议道。

健身？听起来很健康又时髦。但是我们却一直没有进行这项很有前途的行动，原因是我们都知道自己的缺点：没有毅力。连坚持每天喝牛奶都做不到何况是健身？

其实这也不能怪我们，工作没规律，连休闲都没规律，怎么坚持呀？说不定在健身房跑步到一半，幸运点的就会被人喊去喝茶，不幸的会被老板喊去加班。而这两样，都是我们没有勇气推辞的。

但是此时此刻，对着一大堆饭菜，摸着自己的腰，难免万念俱灰。想到两年前的衣服就穿不上了，扔在衣橱里，仅仅成为“我们也曾有一尺九的腰”的证据存在，不禁恶向胆边生。

健身就健身!

想象我们俩穿着性感的运动衣,在跑步机上听着IPOD,忽然走过来一个有钱的帅哥,跟我们一起锻炼,日久生情,演绎一幕“健身房艳遇”……

女人,到了25岁以后,做事情是需要动力的。而这种动力,大部分来自于男人,且是高质量的男人。毫无疑问,健身房应该充满了这样的男人吧?要不是有钱有闲又有型,谁会去健身房呀?有多少人是真的来除掉肚腩肉?恐怕来炫耀自己的肌肉和高尚生活才是真。

想到这里,我喜上眉梢,热情响应张晶的号召:“好好好,我们去健身吧。先去咨询一下。”

翻看城中最有名的健身场所的宣传手册,上面赫然写着:本健身场所适合商界精英、社会名流……

张晶扭头问我,“你看我们属于哪一类?商界精英?社会名流?”

哪一类都不是,准确地说,我们是奔着商界精英、社会名流而去的……闲杂人等。

我与张晶交换了一下蠢蠢欲动、兴致勃勃的眼神,立刻拦了辆的士,跳上出租车,跟司机说了名字。

“你说的是哪里?”司机非常不耐烦地问。

竟然没听说过？我们受了一点点的打击。可见去健身的人是不打车的。我只好又拿出宣传手册，报出具体地址。

出租车七拐八拐，穿过大街小巷，终于在一个二层建筑面前停住了。我跟张晶精神一振，好气派的健身馆，大气的红色外观，想象着我们在其中挥汗如雨，真是激动、兴奋、愉快。

推开健身馆的门，里面立刻迎出一个小姐，问我们是不是会员，我们说只是来咨询一下。于是，一位美女就走上来，向我们介绍这里的年卡费用，顺便带我们参观一下。

"这是跑步机，这是练功房……"我们看见跑步机上的美女一边跑步一边看着电视，汗把衣服都浸湿了，分外迷人，不禁心动不已。张晶悄悄跟我说："看来我们还得去买身好看的健身服才行啊。"

"那是。得买最好的，最好看的。最好能收住小腹的。"我补充道。

听到"收住小腹"这四个字，张晶脸色瞬时一暗。

参观完之后我们到楼下大厅的沙发上坐着，顺便拿着资料看看。这时，一个穿着休闲装的男人忽然径直向我们走了过来。他完全没有看我，直接冲着张晶奔去。

"张晶？"那个男人惊喜地喊她。张晶抬起头来，明显很疑惑，甚至四下看了看，以为他喊错了。但是他明明奔着自己而来，眼前这个高大帅气的男人是谁呀？自己怎么会不记得这号人物？

“我是窦鹏啊。记得吗？初中时坐你后面那个？”

初中那么遥远的事情，张晶花了五秒钟才想了起来。

“啊？不会吧？怎么是你？”张晶的嘴此时可以塞下两个茶叶蛋。

“就是我呀。张晶你这么多年真是没什么变化……”他顿了顿，才说，“还是那么漂亮。”

我发誓，张晶如果不是听到最后一句话，她一定会发火的。有没有搞错。这么多年白白修炼了吗？

不过狭路相逢的情节太吸引人了。张晶立刻原谅了他。两人站到一起，开始亲切地回忆起当时在学校打架的场景。中间夹杂着若干声大笑和尖叫。被冷落的我无聊地举目四望，目光扫过前台的接待员、一个个俊男美女……慢着，那从楼梯上缓步走下来的穿着一套老土运动服的男人是谁？

罗笠!!

请大家一定要相信冤家路窄这句话，尤其是在这么一个中小城市里，大家不在日本料理碰到，也一定会在健身馆碰到。奇怪的是，看他瘦成竹竿的体型，实在想不到他也会来健身馆呢。

在此紧急关头，陆微的教导涌上心头：在与男人狭路相逢时，最重要是要漫不经心，目光游离，敌不犯我，我不犯敌。

我揉了揉头发，看看沙发看看椅子，看看茶杯，然后朝着某个虚空的地方展露出甜美的笑容。眼睛余光瞟过去，见他已经走向大门，似乎并没有看到我的存在。我松了一口气，我才不要像张晶这样上演狭路相逢的闹剧呢，生活又不是演戏，有必要这么戏剧化吗？正无聊地做个鬼脸，身边就传来了试探性的声音："栗子？"

三魂吓掉七魄。这绝对是个回马枪啊。我根本没反应过来，目瞪口呆地看着他。

他以为我没认出他来，指指他自已，"我呀，罗笠啊，你不记得了吗？我们一起唱过歌……"

我连忙说，"是，是，记得，记得。"

我怀疑我再不回应的话，他说不定会说，"就是上次亲你脸颊那个……"

"你，在这里健身啊？"我没话找话地说。

"是呀。我们银行的同事都在这里健身，我也就办了一张卡。也没什么时间经常来，偶尔来一趟，没想到竟然遇到你啊。你来……？"

"哦，我陪朋友来咨询一下。"我指指旁边的张晶，却发现她和她的什么同学已经兴高采烈地聊到角落里去了，完全忘记了我的存在。真是有异性没人性的典型。

忽然间，我发现大事不妙，我的脸竟然又红了。曾经被他亲过的地方甚至似乎有点热辣辣的。但是我真的记得上次他亲的什么地方吗？恐怕也未必吧。

幻觉，纯粹是幻觉。

此人绝对是笨猪类的人物。见我不说话，他竟然也一句都说不出来。我们沉默得很难堪，又很暧昧。空气中都是奇怪的味道。

他闷头半天，终于找出了一句话："我还有点事情，赶时间，先走了。"

真是笨得可以，木讷得令人愤怒。

我听见自己愤怒地说了一句，"再见!!"而他竟然已经推门走了。

真是失败啊。我在内心由衷地鄙视自己。看看人家的狭路相逢，热情得简直要起火。而我的狭路相逢，则冷得似冰。什么叫冰与火的交融？就是此时的情景。

我把这一切都归咎于他是个处男的原因！

这边张晶终于结束了漫长的谈话，喜孜孜地跑过来，附在我耳边悄悄地说，窦鹏送了我一张健身卡呀。说完，还冲着远方的窦鹏挥挥手，甜美地笑。

"什么?"我更愤怒了。"那我怎么办?"

"你也去办一张吧，大不了我赞助你一些啦。这样我们就可以一起来健身了。健身馆姐妹花!"她摆出一个美少女战士的POSE。

“拜托,27 了,又不是 16 岁。真是受不了你。”刚受到打击的我,不知怎么的怒向胆边生。冲她怒喊一句,“算了吧！我不想健身了。”

“啊？有没有搞错?”张晶一脸无辜地看着我。“干嘛这么快就改主意?”

“唉,再说嘛。我们先去吃饭好不好,饿死了。”我急需离开这个鬼地方。

“拜托。不是才吃过?”

“但是你拿腰围吓我,导致我根本没吃饱嘛。”我不禁又怀念起刚刚丢下的那块回锅肉。

于是,不管三七二十一,拉住她就往必胜客跑。点了必胜客的下午茶,张晶已经拿出她那张健身卡左看右看了。

“看什么啊。又不能看出你那个窦鹏来。”

她很不屑地看了我一眼,感慨说,“嘿,真是没想到啊,他现在长这么高啦。初中的时候此人又瘦又矮,还天天跟我打架,不停地揪我的头发。”

“这有什么奇怪的。小时候小男生都喜欢欺负自己喜欢的女孩子呀。”

“你是说,他喜欢我?”张晶再次瞪着她那无辜的大眼睛看着我,好像她自己不知道一样,装什么装！

“是啦。是啦。不然几千块的年卡，这样就送给你了……太大方了吧？”

这倒也是。她若有所思地点点头。“栗子啊，你也办一张，我们一起去吧。”

“才不要呢。我现在才发现，健身卡应该掌握在有车族手里，你看，那个健身房离报社和我家都那么远，你让我怎么去健身啊。光打车的钱就够再买张健身卡了。”

这么一提醒，张晶也发现了这个问题：“好像离我家也很远啊。看来只有一个办法，得再找个有车的男朋友。”

“就找刚才那个窦鹏好啦。”

“恐怕不行吧。我猜他也就是个客户经理，健身房的客户经理，说穿了不就是年卡推销员？我才没兴趣呢！”张晶终于乘着时光机返回现实中。

我安慰她，“其实也不能这么说啦，至少应该是推销员的头目嘛。”

张晶举起桌上的刀叉，差点直接叉到我的脸上。

这就是我们。世俗庸俗势利。怎么说都好。总之，健身的事，就此告一段落。

张晶想了想，不健身也好，省点钱去参加婚礼吧。我们单身的人隔天就要被结婚的人敲诈一次，实在是人神共愤。

"婚礼？什么婚礼？"

"露露的婚礼啊？难道没送你喜帖吗？"

"什么，连她都结婚了？"

"是呀！"

此时我的心中，充满了不可思议与绝望两种情绪。如果你也认识露露，你就会知道我为什么这么绝望了。

张晶又咕噜了一句，"唉，不知道送出去的钱什么时候才能收回来。"

虽然我也在想这个问题，但是我之所以比张晶有觉悟，就在于我只在心里想，从不对别人说出来。

告别张晶回到家，果然，信箱里躺着一封大红请贴。

我打电话给陆微，懊恼得很，"怎么连露露都要结婚了？我还以为最没结婚希望的就是她呢！"

陆微漫不经心地说，"不就是又多一人跳进火坑吗？你又不是不知道结婚是个怎么回事。连诗人夫妇都变得那么庸俗！有什么好羡慕的。"陆微依然对上次的遭遇咬牙切齿。

这倒也是。我一下子甚觉安慰。得不到就贬低它，一向是我的行事风格嘛。

正在暗自得意，詹京回来了。一进门，便疲倦地坐进沙发，似乎我不是一个活物，而是他家沙发上一件摆设，看都懒得看我一眼。

两个人相处一年多，都已经严重审美疲劳。我猜如果此时忽然冒出来一只猫咪，他肯定会比见到我更惊喜，他会抱它亲它，喂它吃饭，如果这只猫咪不乖，冲过来抓伤我，恐怕他才会抬起眼睛，惊喜地说，哎呀，原来你在家！

想到此，真想冲出去买一只猫咪，并且教唆它到处抓人才好。

此时，我爱不爱他，早已经不是问题。詹京未必爱我，他也不肯娶我。我却好歹要嫁一次的。忽然之间，我看着沙发上的詹京，恨不得立刻跳出去嫁人。

嫁人对我来说，已经是一项迫切的任务了。不光老爸老妈坚持每周打电话来询问，周围也都在嫁娶，而我如果说对此无动于衷的话，那肯定是骗人的。光是那些给的礼金就够我心疼了。

露露的诡异恋爱史

已婚男人是我们一个跨不去的坎儿,不管在公司还是在路上,不管是街上还是在酒吧,不管是在床上还是在床下,我们总会遇到那些已婚男人,他们聪明、体贴、大方,人见人爱。但他们之所以这么讨人喜欢正是因为他们结婚了。

周末的时候我跟陆微和张晶去参加婚礼。结婚的正是前段时间跟我们鬼混的一个产品督导露露。我们之所以愿意去参加她的婚礼,是因为她的结婚给了我们三个女人以信心。

露露都嫁掉了,我们怎么可能嫁不掉呢?我们扪心自问,得到了很大鼓舞。

婚礼定在本城一家豪华大酒店。我赶到酒店门口就见陆微花枝招展地站在那里，一件低胸装获得120%的回头率。有一男子走过去之后，竟然又走回来，换个角度再走一遍。陆微见他如此虔诚，索性摆个姿势，冲他抛了个媚眼。结果那男人却落荒而逃了。

"你也太不厚道了吧，到人家婚礼上抢风头？"

我跟张晶都这么批判她，但是又后悔没穿得更隆重点。看看身边陆续走过的适龄帅哥，我们才发现陆微的修炼已经大大超过了我们的想象。我们怎么就没想到，婚礼也是猎艳的好地方呢？在这种和美的气氛下，每个人都被一种结婚的成就感与圣洁感打动着，说不定会碰上一个昏了头的家伙，也顺便定一下终身呢。

要想在婚礼上好好吃一顿是不切实际的。我们等了一个小时，喜筵才开始，个个肚子都饿得"咕咕"叫了。

"吃不到东西，总该遇到帅哥吧？"张晶偷偷问我。

果然，饭吃了一半，隔壁一桌忽然闹腾起来了，几个喝得红光满面的家伙推着一个男人跑到我们这一桌来，准确地瞄准我们三个坐的地方冲过来。我跟张晶把目光一起对准陆微，结果那被推的男人却把手中酒杯朝张晶一举，自我介绍，说他是某某公司的什么什么人，叫高翔，曾经跟张晶在某个场合见过，想跟张晶喝一杯。

张晶没想到能在这么健康的气氛下认识男人，而且是在穿着低胸装的陆微面前。她的脸涨得通红，手都不知道该往哪里放。我则跟陆微使个眼色，偷偷溜出去抽烟了。

酒店外面一片清冷的风，我跟陆微蹲在酒店旁边黑暗的台阶上抽烟，整个城市的灯光在眼前忽闪忽现。我跟陆微沉默不语，仿佛所有的话都给黑暗抽尽了。

我们三个人里，我是最想结婚的一个，而我竟成为最难结婚的一个。我这人没有好奇心，没有冒险精神，最适合的就是结婚。但是上天总不把我最拿手的事情分配给我，所以我至今都在做着我最不拿手的事情——谈恋爱。

抽烟的时候，其实我在仔细排查，我认识的男人里，有谁适合跟我结婚呢？我排除了一个又一个，竟然莫名其妙想到了罗笠。

我们仨把男人分成"可爱的"、"可婚的"、"可性的"。可以爱的男人大多可性，但是不可婚，而可婚的男人绝对不可爱，爱了就不可婚了。至于可性的男人，可爱，但是基本不可婚。总之可婚是最难达到的境界啦。

罗笠绝对属于"可婚男人"那类。我回想起他的木讷、寡言和好说话，最重要是憨厚和笨。难道我们不就是应该找这样的男人来结婚吗？

估计罗笠永远也不会知道，在他毫无思想准备的情况下，已经有人准备要把他搞来结婚了。太可怕了。

等我跟陆微抽完烟回到婚礼的时候，婚礼已经达到了高潮。司仪要求新郎把新娘抱起来绕场一周。我们站起来热烈地鼓掌起哄。于是露露的新任老公勇猛地抱起了露露，露露伸着她的小手揽着新郎的脖子，笑得跟数学公式似的。

走到我们这一桌，露露看见了我们仨，热情朝我们挥手致意，大概是太过兴奋用力过猛，就在这时，出事了。

在喧闹的声音中我似乎真的听到了“咯嚓”一声，露露的老公，腰扭了。他哎哟一声，差点把露露给扔出去。现场立刻一片混乱。亲友团集体冲上去帮忙，有人接过了露露，有人扶住新郎。

这大概是我参加的最奇特的一次婚礼。人群里有人在说，“这下完了，洞房怎么办呀？”

我跟陆微很想笑，又觉得太不厚道了，只好中途退场。只剩张晶坚守在那里，说是中途退场不太好。我跟陆微都在心里“切”了一声，才怪！明明是要跟那什么刚认识的高翔勾搭一下。

露露婚礼的这桩意外，似乎是对我们判断的一个证明。我们对她的婚姻一直保留着怀疑的态度，怎么说呢，露露是属于那种毫无原则界限的人，就是说她并不知道什么是该做的什么是不该做的。这就是这么多年来她总是跟很多已婚男人纠缠不清的原因。

要知道我们这种适龄女性，已婚男人就是我们一个跨不去的坎儿，不管在公司还是在路上，不管是街上还是在酒吧，不管是在床上还是在床下，我们总会遇到那些已婚男人，他们聪明、体贴、大方，人见人爱。但是我们不会想到他们之所以这么讨人喜欢正是因为他们结婚了。结婚的男人永远比未婚的男人更懂女人要什么。这就是为什么婚姻往往是一个女人的结束，而却是一个男人的开始。

露露就是在酒吧遇到那个已婚男人的，去酒吧的已婚男人总是把结婚戒指摘下来，藏起来。所以露露跟他在一起三个月后才知道他已经结婚了，而且这个消息还是他妻子告诉她的。那个女人直接把电话打到她的办公室，有礼有节，不哭不闹，现代妻子中的佼佼者。

她说，“请帮我找一下×小姐。”

露露拿过电话。对方说，“我是×××的妻子，我知道你跟×××最近在谈恋爱。”

提到“谈恋爱”这三个字的时候，露露几乎可以清晰地感到她语气中透露出来的嘲笑。

接着她又说，“其实我并不介意你们在一起，但是我觉得你应该有知情权。”

露露只好对她这么尊重人权表示了敬佩。他老婆又说，“你们好好玩。”便挂了电话。

现在的老婆，真是伟大啊。露露发现自己放下电话的时候，手一直在抖。她几乎想都没想，就冲过去质问那个男人。那时候露露还是个无知的女孩子,露露总是在后来回忆的时候充满痛惜之情,那个时候的自己是多么的沉不住气啊。她以为那个男人会忏悔,会道歉。结果她刚鼓足勇气说出一句:“你老婆打电话给我了……”那个男人就已经花容失色,吞吞吐吐地问,“她什么都知道了?”然后他只是匆匆说了声,“不好意思,我还有点事。”竟然就转身走了,再也没来找过露露。

陆微说露露遇到的是孩子型已婚男人,他们以淘气不被老婆知道为乐,背着老婆干坏事才能感觉到乐趣。同时也是那些偷东西只为快乐的小孩,他们并不介意自己偷的是什么,只要偷了就很开心了。而一旦被发现了,愉快就结束了。他们就会乖乖地回去了。

第一次被已婚男人甩的露露,不能接受这个事实,曾经日日在酒吧买醉,又天天拖着我们仨讨论已婚男人问题,以至于我们听到“已婚男人”这四个字就开始头痛。

这样持续了很长时间,直到她又遇到一个已婚男人,这下我们集体出离愤怒。我们质问她:“你,为什么如此不争气地又要跟一个已婚男人搞在一起?”

她异常委屈地说,“我不知道他是已婚的呀……”

“那你不会问吗?你应该先问清楚啊!”

“我问过了啊……”

“啊?”

我们更惊讶了。

她解释说,她一开始就问他结婚没有,结果那个男人说,结过但是离了。于是露露就放心地跟这个离婚男人谈起恋爱。但是她没想到的是,这个男人隐瞒了半个事实,他确实结婚了又离婚了,但是他竟然已经又再婚了!

我们集体昏倒。

原来以后不光要问男人有没有结婚,还要问他有没有再婚,甚至有没有三婚。这个时代对女人的要求实在是太高了呀。

露露遇到第三个已婚男人的时候,基本已经正视了自己跟已婚男人有缘这个事实。她决定跟天斗跟地斗跟已婚男人斗,非要跟已婚男人斗争出个结果来。于是她跟那个男人说:“你他妈的回家给我离婚去,不然就别来见我了!”

我们问她,“结果呢?”

她说,“结果他真的说话算话了。”

“他离婚了?”我们又惊讶地问。

“不是啊,他再也没来见我……”

这样的露露,是怎么能够结婚的呢?我们想了很久,只能用“傻人有傻福”来解释这件事情。因为露露的丈夫,认识她的时候,也是个已婚男人。所谓事不过三,大概老天也觉得有点惭愧,不太好意思，于是让露露遇到了一个肯为她离婚的已婚男人。

其实我们分析说，也不是老天眷顾的原因，其实是因为，世界上的事情，都是你不想要的时候满足你，想要的时候则躲着你。

露露的丈夫认识露露并暴露了自己的已婚身份之后，他发现露露竟然嗤之以鼻，毫不在意。于是他又试探着告诉露露，他不能为她离婚。没想到的是，露露依然丝毫不在意，好像没听见一样。于是他恶向胆边生，燃起了斗志，表示要离婚，跟露露在一起。但是露露依然很冷淡，像听笑话一样。也是呀，她已经遇到三个已婚男人了，已婚男人这一套，对她已经丝毫没有作用了。

他非常的不甘心，夜深人静的时候他思考自己人生的意义，发现自己竟然要为一个女人离婚人家都不领情，那这样的婚姻和人生还有什么意义呢？他一气之下，为了寻找自己的人生意义，就真的离婚了。

他的妻子开始以为这只是个笑话，或者是个行为艺术，后来发现他其实是动真格之后，便毫无怜悯之心地分走了他大半家产。当他剥掉已婚男人的身份和那大半家产再出现在露露面前时，露露明显被吓到了，她几乎是在这种被惊吓的精神状况下迷迷糊糊地嫁给了他。等她头脑清醒过来的时候，一切都已经晚了。婚纱照和大红结婚证明明白白地摆在她的面前。

有时候露露问自己，也问我们，我跟他结婚的意义是什么呢？

他离婚之后，也没心思在公司继续待下去，因为那公司本来就是前妻的老爸开的。他失业了一段时间，又找了份差强人意的工作。他那在市中心的大房子也留给了老婆，他前妻天天在里面开派对，而露露则和他挤在80平米的房子里，都不太敢经常出去吃饭了。这样的转折，让露露很痛苦，又很烦恼。她知道他是有一点后悔的，她又何尝不后悔？她本来就没想要他离婚，但是他却逞能离了，虽然不是自己的错，但是自己竟然要承担这个错误的结果。

她愤怒。

他懊悔。

他们非常登对地结婚了。

挣扎在自己的婚姻里。

露露后来跟我们总结说，“要路不拾遗啊，你们记得要路不拾遗啊。”

哎呀，我们想，婚姻真是伟大，最讨厌中国传统文化的露露，竟然开始用中国传统道德教育起我们了。也由此可见，祖宗传下来的都是真正的好东西啊。我们都坚定地、钦佩地点了点头，表示回家也要多背点成语词典。

出来混,迟早要还的

之所以委屈,不过是因为,结婚这件事明明是他先提起的。没想到过了几个月,形势逆转。男女关系,不进则退,不成功便成仁,由此可见一斑。

露露婚礼之后,虽然我怀疑其婚姻,但是却丝毫没有泯灭我对婚姻的兴趣。而我兰心惠质的表哥,似乎看出了我的阴暗心理。我表哥是个老好人,总担心我嫁不出去,其实他自己也没结婚,有这么多时间还不如先担心自己呢。

有一天他用小贸易公司老板的逻辑思维跟我分析说:“罗笠刚买了房子。罗笠的工作和职位都不错。罗笠好像跟他女朋友关系非常一般。”表哥列举了这三条之后,决定坚定不移地把我推销给罗笠。用他的话说,是“昧着良心推他入火坑”。有什么办法呢?谁让我是他表妹,又天天一起鬼混。他还警告我:“不要再跟老男人混在一起了!”

我觉得很委屈。这个男人,不高,不帅,又有很奇怪的发型。问题是现在还要别人把我推销给他。如果是他来追我倒是可以考虑。但是问题是他似乎并没有这种闲心。这个阶段的男人,都恨不得把自己从上到下连痔疮都卖给老板。

我暗自叹了口气。有闲情的人总是比较倒霉的。

表哥说到做到,改天就在茶社要了个包间,吃完饭打牌。他喊了罗笠和我打对家。天可怜见,我从来没有见过打牌这么烂的男人。幸好我虽然牌技不好,牌运却好得气死人。最后力挽狂澜,竟然大获全胜。高兴得一挥手,正准备好好地吹嘘一下,桌上的奶昔已经直奔我的裤子倒了下来。小姐扑过来抢救无效。我的新裤子就此被毁。

而罗笠,则坐在对面没心没肺地笑。我狠狠剜他一眼,他才收敛了笑,恢复成了一个木讷的男人。他思考了一会,郑重地拿了纸巾走过来。但是又不把纸巾给我,只是站在我旁边,又笑。简直傻得无边无际。

我表哥也忍不住问他,“你想干什么呀?”

我看看他,他看看我,忽然他弯下腰来,帮我擦膝盖上的奶昔。

他擦得很认真，也不说话。我低头看着他的头发，忽然觉得他的发型其实也很可爱。我表哥则愣在那里，不知道该说什么。他擦得很专心，我的脸则慢慢地红了。我忽然觉得，这是个多么色情的镜头啊。我被自己无耻的想象震惊了，脸更红了。我怎么可以对着一个处男想这些呢？

直到坐上表哥的车我还在考虑一个问题，为什么我每次见到这个男人都很狼狈呢？难道我就不能在他面前展示自己可爱、温柔、阳光的一面吗？

但是，我可爱、温柔、阳光的一面究竟在哪里呢？

周末早晨与詹京为了谁去买早餐的问题争执了一番，最后的结果是两个人都没早餐吃。我气呼呼地起床看了会电视，越想越气，又不见他有来哄我的意思。于是只好甩门而出，给张晶和陆微打电话，最后大家决定不去茶社，改去湖边散步。

于是三个女人一边散步，一边开始讨论起男女关系的偿还定律。我很好奇地问，“我们越往前走，为什么就越发现以前做的事情似乎都在报复我们呢？比如，以前我们抢别人的男朋友，现在我们被别人抢男朋友；以前我们嘲笑已婚人士，现在轮到他们嘲笑我们；比如以前男人在我们面前丢人，现在我遇到一个男人，却总是在他面前丢脸。”

“很正常，电影里早就说了，出来混，迟早要还的。”张晶非常理解地说。

这我绝对同意。陆微首次对张晶的话表示赞同：“年轻时做下的荒唐事，一定会要你偿还的。”陆微说完之后长长地叹了一口气。

我跟张晶都目不转睛地看着她。

“看什么？”她理了一下头发。

我们继续深情地看着她。

“好了啦。告诉你们吧。”陆微终于认输了，她深深地呼吸了一下，用沉重的语调说，“最近，我爱上了一个……小男生。”

“小男生？有多小？”

我们异口同声地问。

“22。大三学生。”

“你已经27了！”我们又异口同声。

“那又怎么样。”

“是这样的。”我给她分析说。“并不是说年龄差距的问题，如果你今年30岁，爱上一个25岁的男人，并没什么大不了，至少你们都是社会人。但是27岁爱上22岁，同样相差的是5岁，但完全不一样，因为你们的社会身份有太大差别。你已经是个社会人，而他还是个在校的学生，你们看待事情一定有许多非常不和谐的地方。”

我为我自己一口气说出这么多的专业术语而感到很诧异。

“对。你不可能跟一个大三学生交流你们的任何观点,他依然住在象牙塔里。对什么事情都大惊小怪。”张晶坚定地站在我这边,在风中,她此时的神情简直可以用神圣来形容。

“你们说的我都明白。但是,我也不是故意的。你看,这绝对是对我的惩罚,惩罚我以前经常约会 35 岁以上的男人。”陆微说到“惩罚”的时候,脸上却很甜蜜。

陆微与小男生在一次法语活动上认识。陆微是这次活动的组织者,当她安排好大家进场而准备自己跑到外面去吸一支烟的时候,她看见一个背着大背包的可爱男孩正在外面张望。她情不自禁地上去问他遇到什么问题。原来他把票弄丢了。这当然没问题。她重新给了他票,而他则请她喝咖啡。

“他根本不知道我多大,也不知道我是组织者,他以为我也只是一个来参加活动的大学生。”

“你像吗?”我们一起重新将陆微打量一番,不得不承认她如果想扮演一个研究生学姐的话,问题也不是十分大,但是一定是那种成绩糟糕,过早踏入社会的坏榜样学姐。

“那,你们现在的问题是什么呢?”我问陆微。

“问题就是……我们已经吃了两次饭,喝了五次咖啡,但是我们连手都没有拉过。”

陆微明显对一个小男生毫无办法。而张晶也叹了口气，似乎也有事情向我们倾诉，但是她只是张了张嘴。最终什么都没说。

我们从湖边一直走到了市中心，忽然看见路边无比热闹，只见众人正在围观一只小狗，那只黑白相间的小狗，正热情而百折不挠地向一个女人的怀里扑去，一边大声叫嚷，明显是非常喜悦。女人不无得意地跟旁边的人说，“我只不过两天没回来……”

我忍不住叹了一口气，“或许我也该养一只狗！它比男人好多了，上次我出差一个月回来，詹京盯着电视看 NBA 竟然都没回头看我一眼！”

“不知道什么时候开始，我们都开始不如一条狗了呢？”我在心里哀叹了一声，难道也是“出来混，迟早要还”吗？

我们的“出来混，迟早要还”的原理，已经在陆微身上显示了迹象。而我跟张晶也开始思考我们前半生犯过什么差错，究竟会遭到如何报应。

我仔细思考了前半生，觉得自己不算太过分。虽然，小时候考试作过弊，但是高中的时候已经被别人作弊夺了我的第一名，算是扯平了。我没有抢过别人的男朋友，倒是别人抢过我的。这么一想，似乎我还占理了。说不定我还有机会抢一次别人的男朋友呢。

那之后整整一个星期，我跟陆微都没见到张晶。这个星期她像消失了似的，频繁地缺席我们仨的聚会，理由总跟高翔有关：高翔要跟我去看展览，高翔今天要做牛排给我吃，我要跟高翔去购物，我要跟高翔去散步……

据张晶自己电话交代，那个高翔在婚礼之后就主动送她回家，而且还夸奖了她在婚礼上是多么鹤立鸡群，惹人遐想。

这个让在婚礼上穿低胸装的陆微很不高兴，她撇了撇嘴说，“切，这个男人真会胡说八道。”

虽然我对陆微的实话实说有点微词，但是还是不得不承认她说得有道理。这个男人立刻给我们留下很不靠谱的印象。

不过张晶可不管这个，作为一个对恭维毫无抵抗能力的人，她觉得我跟陆微都在妒忌她，为了证明我们说的是错的，她奋不顾身地与高翔开始了恋爱。

当时我正跟陆微坐在咖啡厅看路边经过的男人。每到阳光好的时候我觉得人生就该如此过，该和你的好朋友，坐在阳光下咖啡厅的露天座位上，冲来往的帅哥吹口哨，喝咖啡或者喝点啤酒都没问题。以前我跟张晶和陆微就经常这样，张晶的口哨吹得尤其好，可是自从她开始莫名其妙地急速坠入爱河之后，她就离我们越来越远……

陆微忿忿地说，“女人就是这样，有异性没人性。”我很赞同，但是没好意思说。我跟陆微无聊地在咖啡厅里面干坐着，好几次开口想跟陆微讲讲罗笠的事情，来娱乐一下，但是最终都没开口，与一个处男暧昧过，这是一个多么振聋发聩的故事啊，但如果我说出来一定会被鄙视的。

我跟陆微各想各的心事，又一起埋怨张晶。陆微时不时接个电话，讲的都是法语，搞得我很郁闷，又不能不顾自尊问她在说什么。我当时真想把世界上不讲中文的人都灭了，什么时候有机会一定学点更冷门的语言来气气这个女人。

正郁闷，陆微挂上电话，一点愧疚感都没有地说她有事要先走了，还没等我骂她，她便起身匆匆走了。我一个人坐得百无聊赖，四处张望着，赫然发现邻桌的男人正趁着女伴上厕所的工夫翻看她的包……如果陆微在这里，她一定会说，“这个世界上没有一段男女关系不是千疮百孔的。”我很想像个侠女一样，跳出去质问这个男人在干嘛，忽然发现玻璃窗外有个熟悉的身影……罗笠跟他的女朋友边说话边向这个咖啡厅走来。

我当时心里大叫一声，坏了，竟然想也不想就蹲到了桌子底下。咖啡厅没什么人，掩护不了我，我听到他们在离我不远的一个桌子上坐了下来。

太危险了，这个世界太危险了。除了日本料理和健身馆，竟然在咖啡厅都会碰到，真是苍天无眼。

我听到自己的心跟鼓点似的，又觉得自己没出息，为什么我不能大大方方地走出去，跟他们俩打个招呼呢？

但是我知道自己做不到，智商不高的大脑飞速运转着，终于做出了一个很丢人的决定，我飞快地从桌子下面钻出来，扔给女招待70块钱，正好是我跟陆微的两杯咖啡钱，然后就不管不顾地推开门就跑，甚至撞了一个人。

我感到大家都奇怪地看着我，里面就有罗笠跟他的女朋友，但是我管不了这么多了，我拿出百米冲刺的精神飞奔，我当年手机被小偷偷了，追小偷的时候都没跑这么快。

跑到安全地带之后，我才松了口气。我可不是那种厉害的女人，能面不改色跟暧昧过的男人一家打招呼。我听说过有个男人的情人和老婆竟然是好朋友，如果他老婆的确是蒙在鼓里的话，那么，毫无疑问，那情人是我见过心理素质最好的女人。

当然，我跟罗笠说穿了什么事情都没有。我完全没必要如此狂奔，但我就是这样一个人，要我跟别人虚伪地寒暄，就是要了我的命。喜怒哀乐都写在脸上，这是我最大的缺陷，当然，有时候我会无耻地声称这是我最大的优点。

事后，大概就是两天后，我们仨终于又不辞千辛万苦地聚到了一起。我很得意地向张晶和陆微吹嘘，“原来在钱包里准备好零钱是多么的重要，要不是有那70块钱，我将不得不装作一个大方、矫情的公关人士，跟两个无聊的男女打招呼，向他们问好，祝他们愉快，祝他们白头偕老，永结同心……”

陆微说:“放屁!”

“难道我做得不对吗?”我没想到陆微竟然否定我。

“倒不是这个,问题是,那天的咖啡钱我走的时候已经付过了,你神经病啊又给一遍……”陆微又骂。

“啊? 那,可不可以去要回来……”

即使在这么搞笑的事情面前,我们发现张晶依然愁眉不展。尤其提到买单问题的时候,她更加忧愁了。

陆微问,“难道恋爱中的人都喜欢装作很忧愁的样子吗? 嘿,你好,忧愁。”

陆微总喜欢这样对别人冷嘲热讽,在她看来,我们在恋爱上都属于低层次、没智商的。张晶张了张嘴,本来想反驳,但是终于很谦虚地问,“你们觉得,男人买单重要吗?”

关于男人买单的问题,简直都可以著书说明了。

当然重要啦,买单是重要的美德,买单是男人存在的理由,买单是美的源泉,买单是原谅的理由,买单是……我们简直要写出诗了。

“但是,高翔,好像没有买单的习惯。”张晶倾诉了,他对她体贴,幽默,但是每次买单的时候他都会失踪,有时候是去厕所,有时候是打电话,有时候甚至索性就坐在对面,温柔地看着她,也不说话,他的目光追随她,仿佛欣赏艺术品,他看着她拿出钱包,掏出钱……而她则沉浸在幸福里什么都没想，直到忽然有一天意识到，连每次回家都是她打车送他。

“这样的男人，简直该抓去浸猪笼。”陆微很果断，我则看出了张晶的犹豫和不舍。很显然，这个男人很让张晶愉快，除了买单之外。而目前的这些单子，张晶无疑还承受得起。

“其实也没什么关系。”我安慰张晶。我们得懂得欣赏男人的优点，原谅他们的缺点。以前只能对着手下发泄郁闷的张晶，现在脸上的痘痘也少了，化妆也明艳了，笑容也多了。就当买了高档护肤品吧，也就是那点钱吧。有什么不好呢？最自然有用的护肤品就是爱情的滋润，又想用护肤品又想不给钱，这样的好事，我们现代女性已经不指望能够得到了。

这样一说，张晶安慰多了。女人不过是给自己找理由，给女人最好的礼物就是给她一个理由。于是我给了张晶最好的一个礼物。

不过奇怪的是，那个高翔职位和薪水都还不错呀，怎么会不愿意买单呢？

只能这么理解，我们又陷入了“出来混，迟早要还”的怪圈。

张晶坐在那里想了一会儿，无奈地说，“或许是我以前让男人买了太多的单。”

“答对了！”陆微打了一个响指。

我也忍不住埋怨她，“就不久前，你让那个健身房的客户经理送你一整年的健身卡，结果你整天惦记着在网上卖掉！”我不禁想到那个高大帅气的窦鹏，可怜他就因为只是健身房的客户经理而惨遭淘汰。

“对，我也还记得，你提到过，以前那个作家送你一件大衣，抵得上你一个月的工资。”陆微也揭穿她。

“但是，健身房是你不肯跟我去啊。”张晶指责我道，她又问我，“那，如果，每个人都应该得到报应的话，栗子你的报应是什么？”

“很简单。大家都记得我跟詹京刚刚在一起的时候，他就向我求婚，结果我大笑着说，谈这个还太早了吧？”

“是的，我们都记得。你很得意，这是第一次有个男人一个月之内跟你提到结婚问题。那现在呢？”

“现在的情况是，我就算向他求婚，他也不会答应了。”

“天哪。这个报应也未免太严重了吧？”

“非常严重。”

事情就发生在见了罗笠和他女朋友的那天晚上，我回到家里，詹京正躺在床上看一部法国闷片。几日不见，我看到他，不是没有欣喜的。我走上去抱抱他，亲亲他的脸，他抱抱我以示安慰，正在这时，我的手机短信响了，“什么人啊？”詹京皱着眉头问。

我拿起一看，竟然是罗笠。奇怪，他为什么会发短信给我呢？

我立刻紧张了。“哦,还不是陆微这个白痴!”我立刻说。女人真狡猾。我想。詹京狐疑地看了我一眼。

罗笠短信里问我:“你在干什么呢?”

我能说什么,在跟男朋友在温存?

于是我没有回短信。

我忽然觉得我有很多东西还没想好。但是我已经想好的是,我要问詹京一个问题。

于是,我抱着他,用生平最温柔的语调说,“我们结婚好不好?”

詹京看了我一眼,他这一眼,冷静而且疑惑。他可能在想我忽然发什么神经。

我知道大事不妙,果然他的回答不出所料。

他说,“栗子,你知道我喜欢你,我跟你在一起也很开心,但是我觉得我们现在还不适合结婚。”

接着他非常好奇且不耻下问,“你是什么时候忽然想到结婚的?”我当时立刻被委屈冲昏了头脑,根本不知道怎么回答他,只是脑门一热,眼泪差点就下来了。但是忽然又想起日前詹京曾讽刺地说,女人的眼泪,不过是工具。这么一想,似乎我这眼泪又有不可告人的目的似的。因此勉强将眼泪收了一半,哭也不好,不哭也不好,鼻子酸痛。

之所以委屈,不过是因为,结婚这件事,明明是他先提起的。

没想到过了这么长时间，形势忽然逆转。男女关系，不进则退，不成功便成仁，由此可见一斑。

“这个措辞得体的虚伪的男人！”我在心里咒骂了一百遍，但是我很冷淡地继续看电视。我没有表达我的不满，或者愤怒，我很平静地接受了这个结果。

我说完后，转头看看陆微和张晶，她们脸上的表情都很惨痛，简直比我自己还惨痛，真是够朋友啊。

于是我关心地问陆微，“那陆微，你的小男生呢？”

“还是这样，我们已经差不多喝遍了城里所有的咖啡馆。他依然丝毫没有动静，而且我的暗示也对他丝毫不起作用。”

“那就不要执著了吧。索性放手算了，天天喝咖啡干什么。迟早喝出黑眼圈来。”

“问题是，我非常喜欢他。非常喜欢。这就是我遭到的报应。”

报应统统应验了。我们三个人坐在那里，长吁短叹，对过往后悔不已。

“如果我不要那件大衣，说不定现在高翔会乐意买杯咖啡给我喝。”张晶哭丧着脸说。

“但是如果是这样的话，你是选咖啡还是大衣呢？”我问。

张晶非常认真地想了想，“大衣！”

就是这样，即使报应已经来临，我们还是死不悔改。我也释然了,如果时光倒流,我当时还是会对詹京说“不”。而陆微依然会约会35岁的成熟男人。

我想了想,又问张晶,“你后来就没跟窦鹏联系过?”

“联系什么呀。反正也没什么发展,他倒是来过电话约我吃饭。你说奇怪不奇怪,我妈竟然还记得他。”

“可见你们当时斗争有多激烈。”

“是呀。据说,我曾经用铅笔盒砸坏了他的头,血流如注啊。”

“怪不得。”我若有所思地说。

“怪不得什么?”

“怪不得他会喜欢你,原来是因为脑袋被你砸坏了……”

张晶张牙舞爪地作势欲打我。

欢迎来到雌雄同体的年代

毫无疑问，欢迎来到雌雄同体的时代。这个时代，你翻开时尚杂志，发现女人穿得更像男人，而男人则热爱绣花衬衫；女人阅读财经杂志，男人狂看爱情小说；女人研究性的技巧，男人尝试厨房秘籍；女人发誓打拼事业，男人要求赶快生儿育女……

其实，我是那么的爱我的女朋友们，非常非常爱。

我当然看过《Sex and City》，每次看到她们四个去赌城的故事我甚至想哭，凯瑞说："友谊也需要投资，你不能指望它有一天忽然就增值了。"她们身边的男人来来往往，只有她们一直在一起。我当然也喜欢看亦舒，最喜欢的却是《流金岁月》，蒋南孙和朱锁锁的友情，那么长久，温暖从小到大的岁月。

是啊,如果女朋友可以拿来结婚,我一定跟女朋友结婚。大家老了之后住到乡下的大房子里,种草莓吃。

当然,现在说这些还未免太早。我们才 27 岁,现在如果要说服大家就此开始对男人免疫,一心一意跟女人过日子,肯定会被对方一巴掌打过来的……

不过我有时候心灰意冷,倒真的很想这么提议。男人有什么好玩的呢……我只知道,如果没有女朋友,我的人生立刻就黯淡了……

接下来的几天,我都在百无聊赖中度过,因为张晶出差去了。我很羡慕她可以出差,而且是一趟悠闲的差使。这趟差使的目的地不仅风景如画,而且是购物天堂,更美好的是,这趟差使没什么大任务,纯粹是奖励式的出差,而且随行的还有两位高大的时尚帅哥。

张晶是这么想的,既有帅哥陪同逛街做参谋还可以让他们帮着拎体积庞大的购物袋,总之这趟旅行简直完美无缺到极点了。

不过,几天之后当她结束那趟美好的旅程、从那个美好的地方回来的时候,心情却并不美好。因为这趟旅程的实际情况是,他们走进一条购物街之后,两个帅哥在她露出准备疯狂购物的狰狞表情前就已经抢先冲了进去……他们几乎试遍了那条街的所有男装,从牛仔裤到衬衫,并且似乎没有意识到张晶的存在,甚至肆无忌惮地在她面前光着上身换T恤。最后瘦弱的张晶无奈地成了她原来期待中帅哥们的角色——拎包的行李工。

张晶非常愤慨地在电话里问我,“男人怎么可以比女人还爱逛街?”

“但是你比男人更爱打游戏!”我这么回答她。

毫无疑问,欢迎来到雌雄同体的时代。这个时代,你翻开时尚杂志,发现女人穿得更像男人,而男人则热爱绣花衬衫;女人阅读财经杂志,男人狂看爱情小说;女人研究性的技巧,男人尝试厨房秘籍;女人发誓打拼事业,男人要求赶快生儿育女……

我当然不觉得这是坏事,这只是,怎么说呢,好比是电脑扩大内存一样,原来的并没有丢失,只是增加了功能而已。这说明我们更全面、更包容、更进化了。如果我们真的雌雄同体有什么不好呢,我们可以更独立坚强,在没有伴侣的情况也能愉快地处理自已的生活……像所有白领小说写的那样……

但是,如果买单问题也雌雄同体了呢?

虽然知道张晶与高翔发展得热火朝天,但是我们都没有想到,他们竟然热火朝天到开始寸步不离的地步。倏忽之间,张晶出差回来之后,也已经半个月没跟我和陆微见面了,每次打电话给她,她都以各种没义气的理由搪塞我们。我只好跟陆微两个人约会。

这天，我们到了一家广东菜馆吃饭。我们一人先吃一份龟苓膏。接着吃完饭，我又要求再来一份龟苓膏，于是又一人一份……

我们现在多么像是疲乏的大龄女性呀，每天都想着保养问题。陆微到茶社总要点黄芪奶茶补血，我总想着吃龟苓膏喝菊花茶去火……除了这些之外，我们也不过讨论一些八卦故事，时间一长，难免有点言辞匮乏。我跟陆微把能说的话都说完了，正百无聊赖地大眼瞪小眼，当然，是她的大眼瞪我的小眼……这时忽然电话就响了，久违的张晶竟然问我们在哪里，要求跟我们会面。我跟陆微用宽容的精神告诉了她方位。

陆微说，"她家那位甜心肯定又有什么事情惹到她了，不然她才不会想起我们来呢。"

"哪有啊，她肯定是想我们了吧。"我立刻虚弱地为张晶辩解。

一会儿，张晶便冲了进来，重重地往我们对面一坐，说，"唉，我快被高翔给气死了……"

陆微扫我一眼，我惭愧地低下了头。陆微总是正确的，不管对男人还是女人。

于是张晶开始滔滔不绝地讲起来她的遭遇。原来那天一下班，高翔就来了电话，说跟朋友一起喝茶，喊她过去。她心头不禁一热，原来高翔如此地想念她。于是飞车赶到市内一家饭店的茶座里，见自己的甜心正与两个客人交谈甚欢，好像是她甜心的客户。交谈完毕,高翔暗示她利用去洗手间的间隙去把单买了。她想是甜心为了让客人感觉舒服,于是她去完洗手间就顺便到柜台买单,才发现他们吃饭的单也已经被转移到这里了,她只好把吃饭喝茶的单一起买了。买完单后她呆在柜台前半晌,忽然对自己扮演的角色产生了前所未有的耻辱感。他妈的你高翔把我当什么呀?提款机还是支票本。两个人一起的时候买单就算了,现在连他的工作都要她买单,像什么话!有一瞬间张晶差点想冲到高翔那里给他一个耳光,但是张晶毕竟是端庄大方的都市女性呀,她还是好脾气地走过去,一脸得体的微笑。

张晶问我们,"你们说高翔到底是什么意思呀?"

陆微说,"这话你问他还差不多,我们怎么知道啊。总之要是我是你,肯定跟他掰了。你连钱都不如,还能有什么地位啊。"

"但是……"张晶又支支吾吾的。

"但是什么呀但是……"

张晶第一次红了脸,小声地说,"他跟我讨论了结婚的事情了……说他存钱是为结婚做准备。况且,一旦我们结婚了,还分什么我的钱他的钱啊……"

"结婚?!"我跟陆微的嘴张成了彻底的"O"形,感觉心里一沉……张晶也要结婚了,那我们岂不是成为最后两个没嫁出去的女人?

我跟陆微的脑袋里转了一圈又一圈的主意,忽然恶向胆边生:“绝对不能让这厮得逞!”只见陆微和我同时坐正了身体,陆微漫不经心地点了支烟。

陆微慢悠悠地说,“他说要存钱结婚,说是跟你结婚了吗?”

张晶很疑惑,“他不跟我结婚跟谁结婚啊?”

说实话我跟陆微都没遇到过这么缺心眼的女人,一下子对其嫁出去的期望又降低两成,都快不忍心打击她了。

我想了半天,才开口,“张晶啊,你都没了解人家,这么快就谈到结婚,实在太快了呀……”话刚开口,觉得自己实在像居委会大妈,立刻忍住后面的,不说了。

张晶一个人想了半晌,忽然问我,“你不是说找了个处男,想搞来结婚吗?怎么样了?”

说张晶缺心眼,她还真不缺。一句话就击中我的痛处,那个疼啊,那个急啊,我的小心脏一个趔趄,又连打了几个滚。想开口反击她,又说不出话来。真是恩将仇报啊,我发誓以后再也不爱护她脆弱的心灵了。

“处男?什么处男?”陆微好奇地问。

我连忙挥手,表示此事不宜多说。当时,我还没有跟陆微仔细讲过这件事情,因为实在不知道如何开口。处男,基本上已经绝迹于我们的生活,尤其在陆微的字典里,应该找不到这个词了。她当然曾经遇到过,但是这绝对不是此时应该讨论的问题。但是,我忽然又想到,陆微的小男生,难道现在已经不是处男了吗?

“你的小男生,我忍不住好奇地问,还是处男吗?”

“连手都没有拉过,你就让我判断他是不是处男,难度未免太高了吧? 不过,我觉得应该不是。”

“什么?”我非常为罗笠鸣不平,他是个30岁的处男,而别人才22岁已经不是处男了。我忍不住替他出头,问陆微,“你凭什么这么说呀?”

“凭他面对我时坦然和老练的程度啊。虽然我们现在都没有拉手,但是绝对不是因为他害羞,而是因为他老练。”

“奇谈怪论。”陆微总仗着自己经历和经验丰富,而妄图晃点我跟张晶。

我决定奋力追问下去,“请问害羞和老练的区别在哪里?”

“用你自己的脚指头想想就会知道了。害羞的人,反而会直接进攻,虽然进攻得很害羞,而老练的人,则非常悠闲,胸有成竹……”

我一下子想到了罗笠那天凶猛的一个吻,虽然吻在脸颊上。但是一想到这里,气焰已经完全被灭掉。我再次臣服在陆微的经验之下。我就是这点好,容易被震住。

陆微接着又说,“处男这回事,我经过不止一次了。你又不是不知道。”

我缄默。彻底认输。

陆微消灭我之后，转而安慰张晶，“这年头，男女之间的买单问题，已经该提上日程了。你那位虽然不靠谱，但是现在不靠谱的男人实在太多了。我一个朋友，最近应邀去和一位男士相亲。特别注意一下，是‘应邀’。那个男人一定要见她，交流一番。临行前，我就特别嘱咐说，记得坐下来就说AA制，各自买单。双方见面之后，交谈甚欢。我的朋友甚至觉得不管怎么样，这个男人做个朋友还是可以的。于是就没把我的嘱咐当回事，结果，相亲结束之后，男士先行告退，我朋友这才醒悟过来，问茶社的侍应，他买过单没有？答：没有。那他买过自己的单没有？答：没有。答完，很专业地将那账单往我朋友面前一放。”

什么？我跟张晶都为这么恶劣的事件而震惊了。

“你知道吗？那家伙还好意思点了最贵的那款龙井！”陆微气愤地说，“而且更搞笑的是，介绍人打电话来问两人聊得如何，我朋友说，第一次见面，连单都不知道买，还有什么好说？介绍人竟惊诧地说，不是现在的女人都说自己很独立吗？”

是的。现在已经不完全是男人买单的时代，作为我们这种成天装“大女人”的女人来说，如果不肯买单，根本就是自己打自己的耳光。但是，问题在于，第一次见面的男女，到底谁买单，根本就是一个互相尊重的表现。按照礼貌，也应该是邀请一方买单，而被邀请一方享受，如果见面并不愉快，大可 AA 付账。但是邀请别人然后拔腿而去，未免就太不厚道了。

在这个城市中，有多少女人在意买单的问题？答案应该是所有。哪怕女人的收入是男人的五倍，还是希望男人能在合适的时候为自己买单。

我一直思考，在当下的时代，男人究竟该具备怎样的美德？忠诚、勇敢、负责等等，男人都说女人的要求太高，女人也渐渐觉得不可思议。

如果只能要求一个美德，我希望这个美德是：买单。

当然，这些思考我只能私下进行，并且和陆微用眼光交流，如果公开说出来，估计会挫伤张晶那颗热衷买单的心。

关于同居你不可不知的ABC

我当然知道，这早就不是举案齐眉，相敬如宾的年代。这是一个通过相互折磨相互撕咬来表达爱意的年代，互相折磨得越痛苦，就越显得爱之深，因为大家都有自恋加自虐的毛病。

这天晚上回到家，忽然觉得累得很，打开电视。电视里正在放很早以前的一部电影，其实它最多只能算是电视电影。但是早年我看的时候就很喜欢。简陋但是天然，有些东西还是很打动人的。现在又重新看一遍，忽然有新的收获。

里面的女主角是个另类的女孩儿，热爱吃冰淇淋，辞职之后没事干就成天上街跟踪别人玩。男主角则是一个木讷、诚恳的男人，就想着找个长头发的女朋友。女孩子的男朋友跟别的女人跑了，女孩子冲着男主角喊:“你们都是这样,你们根本不在乎我!”

男主角说:“我在乎呀!我跟别人不一样!”

看着男主角那老实的样子,忽然想到了罗笠。再仔细一看,长得还有点像。深更半夜的,看电视时,想到一个木讷的男人,还是有点温馨的。摸摸自己一头短发,再一想,罗笠的女朋友真的是长发。难道老实的男人都喜欢长头发?

女主角又说:“我妈跟我爸结婚那么多年,心都没疼过,后来遇到一个男人,心就疼了,不到一星期就离婚了……”

难道心疼是检验爱情的标准吗?皱着眉头想了半天,并没想出来,曾经为谁心疼过。

心疼谈不上,心跳倒是不少。我跟詹京当年遇到,也是心跳得要死要活,迅速搞定了对方,成为一段佳话。当然,佳话是说给别人听的,郁闷是自己知道的。

我们在一起已经一年多了。这段时间过得不好不坏。最重要的是看不到希望。浪费一年的时间而不知道方向在哪里,这完全不是我的风格。

我跟詹京的认识,活脱脱是两个无聊男女勾搭的过程。那天我只是跟别人去蹭饭。蹭饭嘛,有段时间几乎是我的事业。本以为是若干蹭饭男女济济一堂。没想到到场的只有四个人,我、我的朋友、詹京还有他的一个同事。买单的自然是詹京,我连见都没见过他。只知道他是个有点小钱的离婚男人。他请我的朋友吃饭，而我朋友就将我带上一并前往。

蹭饭蹭到如此境界，我也不是不佩服自己的。

我们四人坐下来，开始喝酒，酒瓶集到 5 个的时候，形势就开始发生变化了。我跟詹京明显成为主角，眉来眼去，绵里藏针，大家心跳不止，面泛桃花，遇到了冤家。

他笑得爽朗，我笑得狡猾。以前一直没有学会的电眼绝技，忽然无师自通——先低头，再慢慢抬头，然后左看一眼，再右看一眼，然后盯住他的眼睛，死都不放。他转到哪里，我转到哪里。他终于放弃了转眼珠，跟我目光相接。我们用眼睛展开一场大战，真是惊心动魄，此起彼伏啊。

等到大家干掉 12 瓶酒之后，神智越来越不清，欲望浮出水面。我从洗手间出来的时候，经过詹京的背后，有意无意地将手在他肩膀上搭了一搭。大家都松了一口气，尘埃落定，或许他们心里正在骂，这对狗男女！

当然，之后我还是很矜持地回了自己家。我记得临别前，我跟他说："你要打电话给我。"但是坐在出租车上的时候我想，"去他妈的，会打给我才怪。"

那天晚上我在自家的沙发上头痛欲裂。但是凌晨 5 点，我就接到了詹京的电话，约我午饭，我被一个男人凌晨 5 点的电话彻底击垮。

当时,我不是不得意的,这次勾搭的时间之短,效果之好,都创下历史之最。但我还是拼命压制住了这种得意。因为酒后的勾搭跟酒醒之后的交往完全是两码事。

我记得我的朋友张晶曾经在酒后跟一个男人沿着护城河散了一夜的步,郎情妾意,差点没立刻跳到臭水沟里去洗鸳鸯浴。但是,等她酒醒之后再次见到这个男人,却恨不得一脚踹死他。用张晶的话说,喝了酒之后,连一只狗都可以用来谈恋爱。我不确定詹京再见到我时会不会有这种感悟。

第二天我特地换了条裙子跟詹京见面,以挽回我的淑女形象。我们两个人坐在一个大包厢里,对着一桌子的菜,气氛诡异到极点。直到他说:"还是到我家去看看吧。"我们才都松了口气。

我们像一对私奔的男女一样,吃喝玩乐,其乐融融。詹京还假戏真做地问我愿不愿意嫁给他,而且很肉麻地喊我"老婆",我严重警告他,让他不许乱喊。

我还非常严肃地跟他说:"我觉得,我们现在还不适合结婚。"说到这里的时候,我觉得自己帅呆酷毙了。

当时我最靠谱的表哥严肃地建议我,把他搞定结婚算了。姑娘我听到这里,差点笑岔气。不过是一场艳遇嘛。张晶还曾送我四个字:"青春无敌。"我当时觉得自己还有大笔的年华和艳遇可以挥霍,现在就退出江湖去做人见人恨的已婚女人岂不是很对不起观众。

我当然不会知道过了一年之后,詹京同样很理直气壮地跟我说,“我觉得,我们现在还不适合结婚。”

听到这句话,真是觉得好耳熟啊。

总的来说,如果时间能够停滞不前,那我们在一起将愉快又美好。多好的一夜情啊,但是被拉长到一年后,一切就不美好了。或许我该尽快结束这如此漫长的一夜情。

一夜情容易结束的原因是结束后就可以各自回家,而我跟詹京迟迟无法结束的原因是我无家可回。我跟詹京在一起两个月之后就搬到了他家。当时我无耻地盘算,搬到他家至少省了一笔房租。

当时我朋友里最理智的张晶非常反对我这个决定。她说,同居,尤其是跑到别人家玩同居,是继“25 岁以前结婚”后最愚蠢的一件事。因为这就意味着丧失自己的主动权,从此忍辱负重……她仰头说得慷慨激昂,我低头盘算自己存折上的钱,两个人完全没有沟通的可能。她终于眼睁睁地看着我丧权辱国了。

如果现在有人问我,后悔不后悔。我当然要硬撑着说不后悔。如果再认真问一遍,我估计我眼泪都要掉下来了。

当然后悔啊。

我跟詹京在一起后每逢吵架就想表演离家出走的戏码。我想走,他不让我走……我瞅准空档冲出去……没想到竟然就真的冲出去了……不见他追来,也不知道往什么地方去。前不见古人,后不见来者,怆然涕下也没用,只好厚着脸皮再走回去。詹京正气定神闲地坐在沙发上看电视,一副我看你能往哪里走的架势。而我也只好自己找台阶,跑上去拥抱他,眼泪掉得稀里哗啦的。这跟当年清政府割地求和有什么区别?我估计他在心里笑死了。

后来我表哥还嘲笑我,他说,“你看吧,当时让你把他搞定结婚你又不信……”

但是,其实结婚了又怎么样呢?我只能这么安慰自己。

我的同事,婚后在家打扫了半天卫生,忽然发现老公还一直坐在电脑前打游戏,悲从中来,一个人大喊大叫一场,扔下东西就跑。当时是深秋,她穿了件衬衫,都没来得及加衣服,本以为丈夫会追出门来,结果在楼下等了一个小时也不见动静,最后冷得受不了,不顾尊严地跑回家——原来老公还在打游戏!

总之,这个故事告诉我们,男人一旦对你失去刚开始的兴趣,你就万劫不复,毫无其他退路。

所以,每次看到朋友开始谈恋爱,我都好想提醒人家,要珍惜刚开始那一个月的幸福时光。男女之间的化学反应,也就持续几个月吧。那几个月里看对方都觉得不是人,是神仙,尤其第一个月，更是风起云涌，身轻如燕，飘在云里，过了几个月之后，世界的真实性才徐徐拉开帷幕。有些人比较幸运，两个人很契合，因此可以共度余生。有些人没那么幸运，我跟詹京就属于后一种。

我们住到一起之后，幸福了一个月就开始经常吵架。

而我跟他吵架的原因，也千奇百怪。

有一次是因为他房子里的东西。

每个女人在跟一个男人来往了一段时间后就处心积虑地希望在他的身上留下点痕迹。

我一个朋友是这么干的，她在男朋友的打火机、钱包、烟盒等所有外出要带的日用品上都贴满了自己的小照片，以至于男朋友在某些时刻只能向别人借打火机以防受到取笑。而《欲望都市》里的凯瑞则偷偷在 MR. BIG 的房子里留下了吹风机，当然最后还是被警惕的男人送了回来。而如此警惕的男人并不多见，所以大部分的女人都能够如愿以偿地在男人那里留下各种各样的东西，如果最后两个人分手后没有将以前的东西打包算个清楚的话，那至少也给继任者留下了一个严重的问题，就是当她们在房子里发现这些东西的时候难免会受点刺激，而且还要考虑如何将这些东西清理出去。

我作为继任，就遇到了这个问题。

詹京的前女友遗留下来的东西真是多种多样，比如洗面奶、润肤乳之类的生活用品。洗面奶竟然还跟我用的是同一个牌子，看了之后我竟然有惺惺相惜之感，同时又怀疑詹京一直不忘旧情，找女朋友也找跟以前同样品位的。不过她用的润肤乳则比我用的高两个档次，我立刻有点自卑，并且偷偷把自己的润肤乳换了支更好的。

但是这还不算完，更让人恼火的事情出现了。我有一次帮他整理衣橱，赫然发现其中放着一件文胸，再仔细一看号码，竟然比自己大了两个罩杯，对于我这种经常瞄着杂志上丰胸广告死看的人，这种打击真是刻骨铭心，不能释怀。用我自己的话说，就是"心灵受到了巨大的创伤，留下了不可磨灭的阴影"，老是担心詹京会不适应这个由大到小的剧烈变化。

经过这些刺激之后，我觉得不能坐以待毙，于是趁着一个月黑风高的晚上，偷偷把她的东西都装到袋子里，扔到垃圾筒里去了。

这一扔，没什么。詹京晚上回来之后，并没发现家里有什么变化，我也松了一口气，以为就此万事大吉。

他是在第二天早晨才发现自己的剃须刀没有了的。四处找都找不到。我故作镇定，继续烫他的T恤。詹京找了一圈没有找到，只好放弃。于是我们就一起吃了果酱面包，一起下楼，准备去上班。

事情简直可以用峰回路转来形容。

詹京经过小区的垃圾筒边的时候，发现里面一个垃圾袋里露出他熟悉的颜色……他走过去，扒拉开那个袋子一看，就冲我怒吼一声："陈栗！你这是干什么？"

可怜的我，呆若木鸡，不知道怎么作答。眼睁睁看着他从那个袋子里拿出了一瓶洗面奶、一瓶润肤乳、一个蕾丝文胸、一条红色内裤、一件吊带衫，外加一个……剃须刀！

我竟然顺手把剃须刀也扔了进去！大事不妙。

果然詹京立刻明白了是怎么回事。他一言不发，拎起那个袋子，扔下一句："以后不要乱动我的东西。"便"蹭蹭"地上楼了，留下我充满自责地站在原地。

当然我不是自责自己动了他的东西，而是自责自己怎么这么粗心大意！

这天晚上回到家，他的神情很高傲的样子。而我则发现，那袋东西被他放在了衣柜一个显眼的位置，简直是种有形的示威！只要是一个正常的女人，就不能忍受这种明目张胆的示威！我愤怒了，发火了，摔门而去。他追出来，我已经飞快地跳上了一辆的士。

跳上的士之后我沾沾自喜，得意于自己的身手矫健。而且我牢记着陆微的教诲，拿着手机，希望他能来个电话，这样我就可以大度地原谅他。结果一等不来，二等也不来，我拿着手机让司机在家四周转了一圈又一圈，还是没有电话。雪上加霜的是，我发现自己刚刚只追求摔门而出的速度，而完全忽视了离家出走的必需装备。我竟然连钱包都没有带出来！

最后的结果是，眼看着的士的车费已经升到三位数，他的电话还没有来，我只好打电话给他，要他下来帮我付的士的车费，然后黯然神伤地哭了一把。詹京责怪我说，“神经病，好端端地花这么多钱去坐的士！”

我有苦说不出。

而那个敏感的袋子，至今还留在衣橱里呢。

这就是我们之后的生活，一男一女一见钟情的浪漫背后，接踵而至的必将是现实的残酷的考验。

当然，也不是说吵架就不好。

如果有人说她跟男朋友从不吵架，我是会相信的，而且恭喜你，你们可以分手了。前段时间有对男女，买了房子之后忽然就分手了，但是大家一点都不诧异，问起原因，个个都义正辞严地说，“从来没见过他们吵架，怎么可能不分手？”

我当然知道，这早就不是举案齐眉、相敬如宾的年代。这是一个通过相互折磨相互撕咬来表达爱意的年代，互相折磨得越痛苦，就越显得爱之深，因为大家都有自恋加自虐的毛病。

可是，这绝对不是说可以随心所欲的吵架而不顾后果，陆微教导我,有些规则还是要遵循的。

陆微是这么说的,“首先,吵架最好不要摔门而去。”

我立刻提出意见,“不对啊,摔门而去很爽啊,不摔门怎么能体现我很生气呢?再说了,电视里可不就是这么演的?”

“靠,电视里的你都信?电视里那些帅哥会在街头深情地呼唤,难道你真见过一个大男人在大街上大声喊女人的名字做焦急状?别搞笑了,除非他喝醉了酒。引用一个男人的话说,最讨厌女人三句话不到撒腿就跑。所以吵架的时候完全可以哭,可以摔东西,但是万不得已,最好不要乱跑。”

听到这里,我已经非常惭愧,因为我们每次吵架都以我声称要“背着小包包”出去流浪为结果。

陆微瞪我一眼,仿佛知道我在想什么。于是她说,但是,事实上,百分之八十的女人都习惯一跑了之,然后玩捉迷藏的游戏。所以,陆微又公布一个准则就是,跑了最好不要关手机。你到底希望他来追你,还是不希望呢?关了手机他到哪里找你去?陆微说她有个朋友逞一时之快,关了手机一夜不归,第二天良心发现跑回家发现男朋友已经离家出走了……最后还不是她去把男朋友哄回来?

“如果你不是真的想分手,拜托,干嘛这么绝呢?”陆微怒其不争地说。

陆微还教导我，吵架，最重要的就是千万别占上风，最好是一副被伤害的可怜样，眼泪想掉下来却强忍着不让它掉下来，男人嘛，就好个装强大，你就让他装呗。有些女人，每次吵架都雄赳赳气昂昂，不胜不归，最神奇的是，竟然就算两个人最后打起架来那女人也能打赢……

听从了陆微的教导之后，我觉得自己的修为又上了一个台阶。

处男与床单之间的艰难选择

泡一个处男这么有难度，也是我始料未及的，我以为处男都是小青蛙，招招手就呱呱叫。现在发现，我的想法错了。20 岁的处男可能是只小青蛙，但是 30 岁的处男，已经成了蛤蟆精。

第二天是个周末，我决定去办公室待着。对于自己在男女关系上的不得志，我非常绝望，绝望之余决定去吃西餐把自己胖死的时候，救星出现了，罗笠的短信来了。

短信果然够短。但是已经足够鼓舞我。

他说："晚上一起吃饭吧。"

我的脸立刻情不自禁地变成了一朵花。在寥落的办公室我第一次觉得了快乐，原来办公室也有春天啊。我在办公室想了很久，决定把这个处男搞定。我跟詹京的事情人尽皆知,现在他又不愿意娶我,我要找一个人给大家看看,出一口怨气:“我还没完呢!我还有的是机会!”

当然,在决定搞定罗笠之前,我觉得还是先请教一下别人为妙。

不谦虚地说,勤学好问一直是我的美德。虽然是我唯一的美德。

当然啦,这年头,美德多一个不多,少一个也不少。

正好陆微上线,她又是一副不能释怀、恨得要死的样子。“你回去反省反省,周末竟然还待在办公室!”周末不在办公室还能去哪里,况且这里有空调有电脑。作为一个懒散的工作人员,无疑周末才是最好的待在办公室的时机。当然,陆微是不一样的。周末她不是在泡帅哥,就是在泡帅哥的路上。

我们闲扯了几句,她发现我明显心不在焉,就故作体贴地问我到底怎么了,说到底还是八卦心起。我于是便满足她,并且诚心诚意地请教她,“怎么对付一个菜鸟?”

“你先叙述一下情况。”她略微提了一点兴致。

“30岁。有一女朋友。”说到这里,我顿了顿,有点烦恼,“不同居,不知道在搞什么。他可能还是个处男。”

“30岁的处男?!”陆微差点被我的不求上进噎死。“就是上次张晶提到的处男?”

“是啊,他把他最有意义的时间都奉献给了学校和社会。”

“那我们应该颁给他奖杯了?”陆微当然是在嘲讽。但我忍耐地说:“我对跟菜鸟男人有心理恐惧,因为我也是一只菜鸟。”

“出去喝酒,然后跟他回家,早上早起,你比他早起比较不被动。”

我心悦诚服地说:“好的……但是……”还是有点惶恐。

由此可见我是个多么虚心的人。也由此可见我的朋友中是多么的藏龙卧虎。我所有闺蜜不管其心情好与不好,都会莫名其妙地指导我。她们指导我的衣着、感情、工作,等等,每当此时,我的表情就很凝重,非常求知若渴。

听了陆微的教导之后,我还特地回家换了身衣服,穿了最无可挑剔的黑白配,努力使自己看起来女人一点。

他约我到一家自助餐厅,隐藏在一家商场里,我在里面转了好几圈,差点决定把吃饭变成购物,终于才找到了那家自助餐厅。

我问男招待,罗笠先生订的位子在哪里。男招待于是就带着我往里走,一直走,越走我心越凉……果然,他走到一个大包间门口,推开门,我差点直接昏过去。原来那里已经坐了满满一桌人,其中竟然还有我的表哥！这是个如此庞大的聚会,我的那点小心思立刻淹没在人群中。我能怎么办？我很想拜托哪位告诉我我该怎么办。我简直搞不清楚罗笠把我喊过来干嘛。结果我只能埋头猛吃,鳕鱼,来一块,烤肉,要的……我又跑过去挖了一大碗冰淇淋,店里的服务生拿眼睛瞪我。

在座的人千奇百怪,涵盖了很多行业,而罗笠很自然地坐在那里跟他们高谈阔论,这里是他的天下,我一个弱女子根本没有反抗能力。他显得有风度又迷人,还自信果断。难道他不惜请这么多人吃饭,就是为了展示他这一面吗?我只好又吃了一碗冰淇淋,店里的服务生继续拿眼睛瞪我,我估计自己晚上会拉肚子。

“算你狠!”我在心里骂,但是我笑得很灿烂。

吃完饭之后,我们又杀向卡拉OK,这次罗笠可没来请我跳舞,他简直已经忘记我的存在了。其他人也很奇怪我为什么会出现在这个场合,我表哥只好全程照顾我,安抚我受伤的心灵。我又在卡拉OK吃了很多零食,终于决定离开这个地方,去找我的精神归宿。

我跟罗笠告辞说要走了,他说:“我送送你。”我说:“不用了。”他说:“还是送送你吧。”于是他送我出了包厢,两个人沉默地下了电梯,在卡拉OK的门口,我们两个人都不说话,我看了看他,他身上混杂着酒、烟的气息,一瞬间不太像个处男。

我说:“你进去吧,我走了。”他还是不说话,只是看着我,忽然伸出手来,将我额头前一缕头发拨到了耳后。一个多么处男的动作啊，我的心又抖了三抖。不能这么没出息，我在心里面警告自己，于是我艰难地一扭头，走了。

路上，我边走边思考处男这个问题。说实话，能遇到一个 28 岁的处男，我心里还是充满了欣喜的。这种感觉，就好比是一直在买打折的衣服，终于有一天准备掏钱买件原价的。虽然买原价衣服很愚蠢，但是高贵啊，说明我有钱啊。我踟蹰这么多年，终于能原价买件衣服，是对自己多大的犒赏啊。

不过，泡一个处男这么有难度，也是我始料未及的，我以为处男都是小青蛙，招招手就呱呱叫。现在发现，我的想法错了。20 岁的处男可能是只小青蛙，但是 30 岁的处男，已经成了蛤蟆精。

如果一定要给这个故事取一个名字，我希望是——宇宙无敌智慧生物智斗蛤蟆精。

其实在遇到罗笠之前，我也曾经经手过一个处男，不过让他止步于我的闺房外。在那之前，我就已经认识到处男这个词语的严肃性。

我的第一个男朋友，从女人手里转了一圈之后才轮到我。

第二个是詹京，已经不是转了一圈那么简单，都快绕银河系三周了。

所以，基本上，处男对于我来说，类似于猪，我没吃过猪肉，但见过猪跑。

而我的朋友陆微倒是不仅耳闻而且亲见，甚至把玩过。女人的友谊有时候很简单，能够分担感情的困扰，能够讨论隐秘问题，能够一起购物，OK，这就是好朋友了。陆微各项条件都符合，于是我们总是一边购物一边分担感情的困扰。有段时间，陆微遇到了一个处男，感情的困扰就立刻变成了床上的烦恼。

“我的床单！”去年的时候，有一天我们正在商场试鞋，陆微忽然痛恨地说，“就这么毁了！”她咬牙切齿，不能释怀，因为这个床单是她最喜欢的一款。

据说处男最突出的问题就是无法控制，经常搞得一塌糊涂。她的床单洗了三次之后，已经不得不扔进了垃圾桶。

“真的这么恐怖吗？”我听了之后有点心惊胆战。

“当然了。”陆微非常不满。陆微因为单身，被迫与父母同住，好不容易逮住父母出去旅游的机会，带男人回家巫山云雨，却换来这个结果。她差点气昏过去。

虽然经过陆微的手之后，那男人已经告别了处男生涯，但是陆微还是不想再看见他，因为那会使她想起自己夭折的床单。不过她还是跟他吃过几次饭，全当对自己的补偿。那男人跃跃欲试，暗示自己能够做到更好，陆微则拒绝给他再立战功的机会。

终于有一天，他再也不请陆微吃饭了，找其他女人去实践了。

有时候我问陆微:“你会不会后悔啊？刚开发出来的产品转手就送人?”

陆微非常严肃地跟我说:“这就是我跟你的不同,一个好的开发商,是不会老拘泥于某一处房产的……我的目标,永远在别处。”

听得我钦佩之余,又很自卑。

接着陆微神秘地告诉我,除了开发过这个处男,她还凑巧开发过另一个。

“哦？那你不是可以称作处男培训营?”

陆微瞪我一眼,告诉我,有一次她在酒吧碰到一个老实巴交的男人,两个人都喝多了,于是去了宾馆。没想到,那竟然也是个处男。

说完之后,陆微心有余悸地说:“幸好,那是在宾馆,跟我的床单无关……”说着,她还是为宾馆的床单叹了一口气:“多可怜的宾馆服务员啊。”

有时候,她真是很博爱。

从此以后,我就对处男有了严重的心理障碍。

如果真像陆微所说,那处男与床单简直是不共戴天、势不两立。

在刚得到陆微关于处男与床单的论述之后不久,我就被推到了与处男面对面的火线上。

因为,我重遇秦川。

秦川跟我的渊源,我们高中的全体师生都可以背诵出来。不过身在此时回忆那段时光,总有不堪回首、颜面扫地之感。想当初,我是多么的迷恋他一米八的身高和雪白的牙齿呀,笑起来简直能反射阳光。我给他写过很多情书,文体涉及古文、现代诗以及英文歌。他则跟我谈过他的人生理想,形象光辉万丈。多少次我抬头仰望着他,内心崇拜又满足。

不过这些都不提了,总之是高中毕业后他杳如黄鹤,一去不复返了。

但是,相遇是我们不可控制也不可预料的。

某天晚上,我喝了点酒之后,正在酒吧玩桌上足球,兴奋之余一扬手就不小心打在了旁边人的脸上。转过头去一看,真是恭贺圣诞、并祝新年……被打的这个,正是高中我暗恋了两年的学长秦川。想当年,"如花美眷,似水流年"……而现在一米八的帅哥学长就站在离我一厘米的地方,涨红着脸,不知道是兴奋还是被我打的。

"栗子,真的是你啊?"

废话。

什么叫造化弄人。这四个字我是那天晚上才明白了其中真谛。我当年暗恋的学长,写了那么多情书的学长,非卿不嫁的学长,竟然如此纯真地站在我面前,等着我这个历尽沧桑的小女人打他一个耳光偿还我们当年的情债。

我那天几乎都挂在他一米八的身体上了,这位仁兄低头跟我说:“我还没跟哪个女人这么亲密过呢。”我的汗立刻从额头滴到了下巴,他的意思是,他是处男？真是冤有头债有主,当年对我不屑一顾,到头来还不是完完整整地又落到我手里？

而我后来则因为一床床单遗弃了他。

当秦川在家门口拥吻我,然后用邀功请赏的语气告诉我这是他的初吻时,我大脑里如闪电一般闪过的第一个念头竟然就是:哎呀,我新买的床单可怎么办！那床单可是我咬牙买来的,可贵了！

一番思想斗争之后,在处男与床单中,我选择了……床单。

床单是拿钱买的,而处男是路上捡的。

况且,初吻………这也太恐怖了吧？难道理科学院的男生生存环境如此恶劣？连初吻都送不出去？

于是我便劝他乖乖地回家,他不肯,我只好跟他说我的房子两个女孩合租,规定好不许带男人回家。于是他才一步三回头地走了。

那年我25岁。遇到一个26岁的还在理科学院读研究生的处男倒也并不奇怪。奇怪的是,我竟然在27岁的时候,又遇到了一个30岁的处男。

我开始有些对自己的好运感到绝望了。

浪漫掌握在无知者手中

一个女人的一生大致如此,18岁以前制造浪漫,25岁以后毁灭浪漫。28岁之后,我怀疑我会不知道“浪漫”这两个字究竟怎么写。

我这晚莫名其妙地参加了一个聚会,并且回忆了我与处男的交往,而那边,陆微则认为自己的进步意义非凡。

她郑重地告诉我与张晶,她昨天度过了此生最浪漫的时刻。

彼时,我们坐在茶社外面的露天茶座喝下午茶,说完这句话,陆微甚至还冲着经过的帅哥吹了声口哨。当然,对于她的看法,我与张晶都不同意。

“浪漫?”我大叫起来,“这个世界上还有浪漫吗?浪漫已死。

作为一个普通常识,任何一个都市女性都该知道这一点!"

"或者说,"张晶补充道,"浪漫这回事,完全不存在于我们这类人当中。比如我同事的弟弟,他生活在一个封闭的县城里,结果他听了一首歌之后,只因为喜欢那首歌唱乌鲁木齐的歌,竟然就带着自己的情人跑到乌鲁木齐去了。这个举动可以称为浪漫吧?但它不会发生在我们身上。"张晶双手一摊,并不觉得遗憾。

"完全正确。就算有男人愿意带我私奔到乌鲁木齐,我也不愿意,那里太冷了。如果是欧洲,我倒愿意。"我举手表达了自己的庸俗观点。

所以说,现在已经毫无浪漫可言。每个人只关心自己的快乐和舒适。如果在自己舒适的基础上,才会允许所谓的浪漫发生,而那种浪漫,简直就是赝品。

"但是,昨天,我确实觉得非常浪漫。"陆微对我们面对浪漫的态度非常不满。

"那你倒说说是怎么个浪漫法呢。"

难得见到陆微害羞地低下头,似乎有点不好意思地说,"昨天我跟小男生吃完饭,小男生对我说,我带你回家吧……"

"什么??"我们齐声惊叫起来,"小男生这么色胆包天?这就带回家啦?"

"别激动嘛,听我说完。"陆微继续说,"我当时也挺震惊的,我们连手都没有拉过,他竟然要带我回家。我连说“好”或者“不”的意识都没有了,就站在那里听他安排。结果,只见他推出一辆自行车来,拍了拍后座,示意我坐上去,原来他的意思是:用自行车‘带’我回家。”

听到这里,我们才松了口气,并且略微有点失望。

可是陆微陶醉地继续说,“真是个浪漫的误会啊。于是,他就用自行车,带着我,从市中心一直到了我家。够浪漫吧?”说完后,陆微兴奋地问我们。

“这个……”我跟张晶相视一眼,已经极度失望,只好勉为其难地说:“还好吧。不就是坐了一段自行车吗?完全够不上浪漫的级别吧?”

陆微对我们的敷衍很不满意:“那你们倒说说,什么才够得上浪漫?”

张晶立刻说,“当然是拿着2克拉的钻戒向我求婚了。”

“拜托,这不叫浪漫,这叫发财梦好不好?2克拉?你拿来打麻将啊?”我实在忍不住了,完全忘了我们刚刚还同一个阵营。

“你的品位也太奇怪了。”我继续说,“在我眼里,浪漫就是我与我喜欢的人,散步在托斯卡纳,拥有一个葡萄庄园。”

张晶立刻反击我,“你这也不叫浪漫,你这叫出国梦!托斯卡纳,不就是意大利的乡下吗?”

“浪漫已死。浪漫已死。”经过一番互相攻击，我跟张晶只好再次达成共识，回归同一阵营。

“你们已经不知道什么是浪漫了。”陆微更有优越感了，她摇头叹息，对我们不解风情、庸俗世故进行了强烈的鞭笞。然后，她一脸陶醉地说：“所谓浪漫，当然就是昨天小男生在月光下，用一辆自行车带我回家啦。风吹着我的脸，月色又很美。”

“你就写诗吧！”我跟张晶再次齐齐面目狰狞地说，“你那也不叫浪漫，你那叫乱用童工！”

关于浪漫的讨论就此结束，浪漫掌握在无知者手中，就像健身卡掌握在有车族手里一样。对于过了25岁，清楚地知道自已要的是什么的人来说，浪漫是完全不存在的。因为浪漫的前提，根本就是无知与迷惘。

我们意兴阑珊，过了25岁的女人根本就不该讨论什么浪漫。

比如张晶与初中就暗恋她的窦鹏意外相逢，浪漫吧？但是张晶一句：“他不是我的理想对象。”就把这么浪漫的一件事给报废了。浪漫败给了庸俗观念，公司主管不可能爱推销员。此事带来的唯一后果就是张晶良心发现，忽然想起她那些初中同学来，不禁打电话去询问了一下以前要好的几个同学的情况，甚至约了见面。她很好奇，过了这么多年，大家都变成了什么样子。

A，当年张晶的同桌，两人考上不同的高中后还经常书信联系，后来上了大学之后就没音讯了。原来张晶大学还没毕业，她就已经结婚了。现在，孩子都5岁了。张晶在咖啡厅里见到了她们母子俩，她看上去比张晶要老5岁，早被生活和家庭折磨得痛苦不堪，满嘴油盐酱醋茶。那小孩子一脸的不高兴，到处乱跑，打碎了两只咖啡杯，后来索性大哭起来，脏兮兮的小手一把抓住张晶价值两千的上衣，让张晶心痛不已。A忙着照顾自己的儿子，根本没时间跟她叙旧。唯一得到的信息是，窦鹏初中的时候确实喜欢她，当年的同学都知道。上大学之后，他还到处打听她的消息呢。仅此而已了。其余的就不知道了，至于他为什么没找到她，或者为什么没去找她，都成了谜。

B，当年张晶的好朋友，张晶好不容易找到她家的电话，一边感慨过去的时光使得我们丢失了很多东西，一边打电话过去，却是她妈妈接的，原来B早就远嫁他乡去了。

找了这两个同学之后，张晶忽然失去了找第三个的勇气。她们统统都已经结婚了，张晶怕继续找下去，自己会怀疑自己的存在价值。

而我，则一直在思考，跟詹京的一见钟情算浪漫吗？还是罗笠在门口将我的一缕头发别到耳后比较浪漫呢？

或许都算不上。

我不禁又想到了秦川，那个高中学长。我喜欢上他，是因为在一次下大雪的时候，我误伤了他。冰天雪地里与同学正在打雪仗，却不小心误伤了经过的秦川，一个大雪球就那么毫无征兆地砸在了他的头上，而他竟然顶着一堆雪，回眸对我笑了一下，露出比雪还白的牙齿。就在那一刻，我明白了什么叫头晕目眩，意乱神迷。

所以说，浪漫，更适合18岁以下的无知少女。我果断地决定停止自己的回忆。因为再回忆下去，就会回忆到几年之后我竟然因为一床床单而拒绝了他……我亲手把自己的浪漫，变成了搞笑剧。

一个女人的一生大致如此，18岁以前制造浪漫，25岁以后毁灭浪漫。28岁之后，我怀疑我会不知道“浪漫”这两个字究竟怎么写。

如何与前男友的新女友斗智斗勇

我敢保证，女人见到情敌的时候，是最有智慧最勇猛最冷酷的。

因为受到了连串的打击，上班的时候，我就有点无精打采。一个没人要的女人。我这么定义自己，立刻觉得委屈异常。恨不得趴在桌子上大哭一场。

但是，更让我大哭的事情还在后面。中午在食堂吃饭，正聚精会神地对付一根顽固的糖醋排骨，我总怀疑食堂烧的排骨，原料是某种钢材。咬到牙痛，还没咬下来一口。我拿起筷子，看准排骨，一筷子扎下去……排骨却顺势跳起来，滑到地上去了。如此狼狈的时刻，我的前男友——章宇却神气活现地坐到我面前了。

“最近怎么样啊?”他一边狼心狗肺地问,一边一口咬在自己的糖醋排骨上,还赞叹一声,“难得今天的排骨这么有咬劲啊。”

“干嘛呀?”我问他,“你就不怕被你女朋友看见,引起不必要的误会呀?”我边说边诅咒他被糖醋排骨崩掉两颗牙。

“没事儿。”他故作潇洒地挥了挥手,然后贱兮兮地神秘地说,“告诉你件事……”

我当然不会白痴到以为此人有什么好事来找我。我竖起耳朵,集中精神,以备不测。

只听他说,“我特地来介绍支好股票给你……”

“股票?”我这种理财白痴,从来跟股票搭不上关系啊。

他又说,“我是有内幕消息的,是我女朋友告诉我的。嘿嘿,我现在已经挣了这个数了!”

说完,他竖起两根指头。

“两千?”我假装羡慕地问。

“你有没有追求啊?”他很不屑地说,“再加个零!”

“两万?”我这次是由衷的羡慕了。羡慕完,才觉得不对。他跑来难道真是这么好心来告诉我内幕消息?才怪。来向我炫耀是真!炫耀他换了女朋友之后是多么的幸福,连经济都得到改善。

想到这里,气不打一处来。一口气憋在心中,左冲右突,找不到出路。但是,我稍作思考,就有了主意。

我翻了翻眼睛，阴阳怪气地说，“唉，现在啊，股市起伏太大了，赚不了多少钱。有眼光的人早在房产上赚翻了。不是我说你！”我重重地抬高了声音。“当时我们还在一起的时候，我劝你买那个××家园做投资，当时才七千一平米，还是挑高可以隔成两层的！四十平米才二十八万！你不肯，你知道现在那房子卖多少钱？我跟你说，即使现在房地产有点不景气，但一转手，卖七十万也算是优惠了！这可是40万呀！比你那2万，多太多零了吧？”

章宇一听之下，明显受了很沉重的打击，心里拔凉拔凉的，一口排骨堵在嘴里。但是他硬撑着，嘟囔了一句：“谁知道这几年房子涨这么厉害啊……”

“我知道呀！我当时不是催你买来着？你就是不信……现在宁可信你那新女朋友的什么内幕消息……我说你还有没有一点判断力啊？你这样下去，人生会很失败的！”

“唉，都过去了……这不是已经错过了吗？有什么办法。”章宇摊摊手，想装洒脱，但是他那一脸的心疼，藏都藏不住。带着被我撕开的伤疤，客套了几句就落荒而逃了。

哼。我在心里哼了一声。想到我面前来炫耀，不可能！嫩着呢！打完这一仗，我心情顿时舒畅好多。也不理那排骨了，随便吃了几口就哼着小曲回办公室了。在洗手间照镜子的时候，正碰到他的新女朋友从里面出来。两个女人互相瞟一眼，脸上一点表情都没有,像两个木头人一样擦肩而过。

我敢保证,女人见到情敌的时候,是最有智慧最勇猛最冷酷的。

经过此战之后,我明白了,前男友,是这个城市里我们最应该小心的动物。我们看到他们,就要提高百分之一百二的警惕。

不过,如果遇到好朋友的前男友呢?

下午三点,肚子已经开始饿了,不由惦记起食堂那块排骨,拉开抽屉拿出一盒饼干刚吃了两口,桌子上的电话就响了。

“陈……栗?”那头的声音很犹豫,而且陌生。

“是呀。你是哪位?”

“我是……那谁呀……”那边小心翼翼地报出个名字。

竟然是张晶的作家前男友,八竿子打不着的人,找我干吗?难道又是找我发稿子?我不由抓紧电话,很后悔刚刚承认自己就是陈栗。

结果,事实很快证明,我的担心是多余的。

他在电话那头沉默了半晌,我开始还以为他有点害羞,其实他只是在考虑用词,隔了半天,他终于说,“陈栗,我想请你跟张晶吃饭,你能帮我约一下吗?”

这大概是我从业至今,听到的最奇怪的请求。

“你直接找她不就行了吗?”

“她不愿意见我。我就是想跟她说几句话。”

“你可别乱来啊。”不知道怎的，我忽然怀疑要有血案发生。难道他由爱生恨？

但是事实又证明，我的担心是多余的。就算有血案，也绝对不是作家对张晶动手，而是张晶对作家动手。因为作家说出了一句惊天动地的话。

“我要结婚了。我想亲口告诉张晶这个消息。”

我愣了一下，然后发火了。无名怒火来得最为猛烈。

“去你妈的，结婚就结婚，用得着昭告天下吗？神经病。结婚了不起啊？”我不管三七二十一一通猛骂，骂完之后，我“啪”地摔了电话。

估计我的声音真的很高，因为全办公室的人都安静下来，都扭过头来看着我，眼睛里充满了怜爱与同情。我努力挤出一个笑容，示意没什么大不了的事，没想到，大家更同情了。我很想解释，但是完全解释不了。

“不是我……”我只好微弱地自言自语了一句，但是想想自己的情况也并不比张晶好多少，因此也就没再说下去。

但才过了一会儿，电话竟然又响了，还是作家：“栗子你先别急，除了这件事，我还想问一下张晶，是不是有人往我上次给她的卡里打了5 000元？那是我的一笔稿费……”

果然！让前男友在结婚之际依然记得你的方法，就是欠钱不还！

我现在最需要的，就是通知张晶这个噩耗，于是我立刻拨了张晶的号码。

“你前男友刚找我了……”

“哪个前男友？”张晶轻松地问。

“搞得你有很多前男友一样。”我对这个女人的同情降低到最低点。“当然是你那作家前男友了，哭着喊着要见你。”

“知道，打过电话来，说要见面，又嘟囔着不说到底是什么原因，当然不跟他见了，骂了他几句。”张晶停了一会，压低声音，又得意又为难地问我：“难道他要跟我和好？”

“和好个头啦。”我终于崩溃了！“他要结婚了。要亲自给你送喜帖！而且还要向你要回上次那 5 000 元……”

但是，说完这句话，我就后悔了。这个消息，实在不应该由我来告诉她。

果然，她沉默了很久。

“张晶？”我喊她。没有回音。我有点慌，继续喊她：“你搞什么？”

“在呢，放心吧，我没事。钱我会还他，况且结婚的又不只他一个，结婚的前男友也不只他一个，我已经习惯了。真是奇怪，为什么前男友一个个都结婚了呢?”

我不敢说话。一个字都不敢说。虽然我也很想问这个问题。

挂了电话,终究心情难以平复,想了想又连线陆微。

陆微听完我的叙述,非常嗤之以鼻。跟前男友,哪有什么废话好说。

话是这么说,但是我确实认为跟前男友至少可以保持友谊嘛。

“友谊?是男女之间最不可能出现的词,更何况是前男友?25岁以下的女人才会有这种幼稚的想法。”

陆微说到这里,问我:“你贵庚?”

我立刻惭愧不已。不过陆微似乎觉得自己有点过分了,放缓了语气,语重心长地说:“其实,我也是25岁之后才明白的。25岁之前,我也是吃过亏的。”

哦?我好奇心猛增。什么人能让陆微吃亏呢?简直是不可能完成的任务嘛。

陆微叹了一口气,推心置腹地说,“当年,我也有个很要好的前男友,分手之后还经常一起喝茶喝咖啡……”

“结果呢?复合了?”

“没有。有次我跟新欢正在喝咖啡,正好遇到了他,他一直是个非常热情的人,当即就在我们那一桌坐了下来,我们就随便聊天,没想到他竟然与我的新欢相谈甚欢……结果,两个男人越谈越投机，对音乐达成了一致意见，喝完咖啡就去买碟了。我跟在旁边，仿佛第三者。不久新欢果然也就告吹了，可是，听说他们倒一直是好朋友。”

“不过你也不用同情我。”陆微坚强地说，“我有个朋友，她的前男友和前前男友还谈恋爱了呢。搞了半天，两个男朋友都是 GAY。”

听完后我长久不说话，因为实在无话可说。心中对陆微以及她那位朋友涌起了前所未有的同情以及崇拜。我没想到陆微还有这种血泪史，牺牲了爱情，成全了两个男人之间的友谊。看来，每个女人修炼成精，修炼得越成功，说明受到的考验越大啊。

我彻底折服了。深深折服。

而此时的我，完全没有想到，不久之后等待我的，将是更加严峻的情况。这个情况，是因为我们报社在一家酒吧搞了个“奇装异服晚会”。

我拉上张晶与陆微一起去。她们开始都不太乐意，张晶不明白什么叫“奇装异服”，而陆微则嫌弃我们报社没有帅哥。

我骗她，“其实还是有帅哥的，不然，你想我当时怎么会在报社找个男朋友呢？”

她斜我一眼，“你的品位，我又不是不知道！你这么一说，我更加确定你们报社没有帅哥！”

一个女人太聪明,是很可怕的。

不过,最后在我的威逼利诱下,我们还是一起去了,最重要的是,我告诉她们,可以见到我的前任男友和他的现任女友。

不过奇装异服这个要求,还是把我们搞得很烦恼,最后我戴了顶插着羽毛的大帽子,而陆微则将皮草围巾扎在身后,仿佛长出一条尾巴,扮演一只迷路的狐狸。我跟陆微在酒吧门口等张晶,等了半天,她穿了件普通的旗袍过来了,唯一的特色是将头发盘成两个髻,仿佛是古代的小丫环。

“拜托,你这叫奇装异服吗?旗袍而已。”

“已经够奇装异服了,我平时只穿套装的!”她愤怒地大喊大叫。

这么一说,我只好原谅了她。

我们在酒吧门口稍微整理了一下衣装,齐齐说了声:GO!然后便雄赳赳气昂昂地走进了酒吧。我们以为会赢得万众瞩目,结果发现里面没人理我们,大家都被一个艳惊四座的女孩子吸引了。

她穿了一条极其紧身的花裙子,曲线毕露,长发盘成两个圆环在头顶……我正在疑惑她究竟想干什么,正巧听到旁边的人说,据说她现在扮演的是《葫芦娃》里的蛇妖!

而更令我震惊的是,定睛一看,她竟然就是我前男友的现任女友!如果你想知道什么叫杀机四伏,那就是现在的场面。我们两个女人，本来毫无关系，但是一个男人使我们看对方的眼神发生了剧烈的变化，我们目光刚一接触，便嗖嗖地射出箭来。

事实上，我跟她已经不算是“情敌”了。但是人生这么无聊，找个目标恨一恨也是好的。

这次晚会上，周围的人都感到了我们这对情敌给周围的人所带来的压力，虽然我们尽量地显得心无芥蒂，但是周围好像有气场一样。旁边的人看到我们便绕道走。

过了一会儿，我的前男友拿着两杯酒来找他的女朋友了，看到他，我更加惊艳，只见他穿了一件褂子，戴着一顶草帽，一看就知道，这是《海贼王》里的路飞！

蛇妖搭路飞，还真是好传奇的搭档呢。

“奸夫淫妇！”我在心里痛骂一声，去找张晶和陆微了。而张晶和陆微正无聊地坐在一边喝两杯鸡尾酒，她们四处打量，也没找到可以进攻的对象。一见我来，便直埋怨我。

“谎报军情啊你。一个帅哥都没有。你们真是朝中无人啊。”张晶很郁闷地说。

“废话，朝中有人的话我就不会觉得工作是痛苦的事情了。”

我们坐下来喝了几杯，有人来向陆微搭讪，陆微一把抱住张晶说：“不好意思，我已经有爱人了。”吓得那小记者面无人色。

张晶拍走她的手：“别连累我啊……”

我在旁边则笑得前俯后仰的。

晚会结束之后，我们一起打车回家，深夜的大街上大家都默不作声，忽然我冒出一句，“那个女人真是无趣！无聊！庸俗！”

虽然这句话没头没脑，但是车上的人都听懂了。

“你不要带情绪说话嘛。”陆微指责我。

我很委屈地说，“她确实很无趣啊，为什么就因为她是我情敌，所以我都不能批评她呢？”

“说对了。”陆微说，“就因为她是情敌，所以才不能说她的坏话。我们可以骂朋友、骂情人，但是有一种人我们永远不能骂，那就是我们的情敌，因为一骂我们就立刻成了小人，哪怕骂她是众望所归，有一千个理由，但是也绝对不能由我们骂出来。”

见我闷头不吭声，陆微又说，“还有，你再想想，你们爱的是同一个男人，和同一个男人拥抱亲吻说情话，就像连体婴儿，共用过身体的一部分，虽然现在分体成功了，但是骂了对方的同时也就是骂了曾经的自己，你懂了吗？”

这绝对是我至今听到的最传奇的观点，我跟情敌是连体婴儿？我发誓，除了陆微不可能还有谁能想到这一点。

“其实对付情敌很简单的。”沉默了半天的张晶忽然说，“秘诀只有四个字：视而不见。”

有一次，张晶在一个场合碰到情敌，于是张晶一副好像完全不认识她的样子，长袖善舞，像只蝴蝶一样飞来飞去。直到那个情敌终于忍不住跟她搭讪，还特地提到那个男人，想看看她的反应，结果她还是一副完全不记得有这么个人的样子，并且当着她的面跟其他男人打了一通肉麻而深情的电话，显示自己正处在热恋的状态，早就把以前那个男人和现在这个女人排除到了爪哇国外。她的情敌当时就立刻感觉到了巨大的失落，还有什么比敌人已经遗忘你更让人惆怅呢？所以，对付情敌最好的办法，就是完全忘记往事，当她不存在！

我好奇地追问了一句，“但是，你真的不记得他了吗？”

“才怪。我回家哭了个半死，咒骂她半天。如果她知道了一定很高兴。”张晶叹了口气说。

这就是我们，有战略有策略，当时依然，旧情未了。

关于爱情中等级制度的探讨

我忽然灵光一闪,明白了。大叫起来:“我明白了。其实他们的区别跟单身女人、情妇和老婆的区别是一样的!单身女人是自耕农!佃户是情妇!农奴是老婆!”

早晨,一到办公室,刚打开电脑,泡了杯咖啡,张晶就打电话给我,仿佛受了惊吓似的说:“花!”

“什么花?”我一下子没听懂。

“粉玫瑰!一大捧!”

我还是没听懂。一大捧玫瑰花有什么值得大惊小怪的吗?

“有人送我一大捧进口的粉玫瑰!你想想,我们已经多久没有收到大捧的玫瑰花了!”

好心痛啊。最后这句话说得我内心一震，是啊，我们已经多久没有收到大捧玫瑰花了？

年轻的时候，有很多人送过我们花。我的前男友曾经在新年到来时送我一捧百合，并且在深夜的大街上喊，我爱陈栗！我爱死陈栗了！

天哪，那是什么时候的事情了。我简直要热泪盈眶。虽然喊完后不久，就真的是“爱死了”。我们的爱死了。他又爱上了别人。

年轻的时候我们是多么的骄傲啊。有人送我一朵最普通的红玫瑰，被我撇撇嘴，无情地扔进了垃圾桶，心想，竟然有人送这么庸俗的花……

现在呢？别说红玫瑰，连一块钱一枝的康乃馨都没有人送我了。

送花给女人，有人觉得很庸俗，没创意，那是因为他没送过，真的送起来，效果是很恐怖的。听听张晶的声音就知道她受了多大的惊吓。

我问她：“是高翔送给你的？”

“才不是呢。署名是窦鹏啊。这个推销员是不是疯了？”自从上次遇见他之后，张晶就很不尊重地称窦鹏为“推销员”。

“啊？这个推销员还不是一般的有诚意啊。送你健身卡，又送你花。而且是大捧粉玫瑰。一定是包在皱皱的纸里。”

“猜对了!”张晶压抑住她的兴奋骄傲,问我,“你说我该怎么办?”

我说,“当然是扑进窦鹏的怀抱了。那么有诚意的一个帅哥。”

“但是……他只是个推销员。”

“那又怎么样?”我扮演无知少女。

“唉,回头再说。工作了工作了。”她没有接我的话茬,直接挂了电话。

下了班之后,我们三个女人去一家轻音乐的酒吧喝一杯。

“这个世界是讲等级的。”

张晶这天的话题从这句话开始。很明显她受刺激了。因为在这之前,她从来没有讲过这么有哲理有历史感的话。

“这么说吧,”张晶说:“比如像是月薪五千的女孩,就必须找月薪五千以上的,而不能找月薪五千以下的。”

陆微皱着眉头,说了一句,“你这样很庸俗啊,你知道不知道?”

我立刻刮目相看,非常惊讶,难道她还有不同见解不成?

陆微皱完眉头,才继续慢吞吞地说:“其实我觉得,月薪五千的,必须得找月薪七千以上的才行,这才符合这个社会的等级制度啊。”

原来如此……我跟张晶非常敬佩。

张晶问她:“那你跟小男生算什么呀。他的月薪能高过你?”

“他月薪为零，不过我跟他只是谈恋爱而已，浪漫到可以骑自行车。你乐意你老公每天骑自行车送你上下班吗？”陆微得意地问张晶，这下立刻踩到了张晶的痛处。

其实今天我们三个被聚集起来，只有一个原因，大家都想诉苦。

张晶的那个高翔，依然秉承着不买单的习惯。

而张晶前几天意外得知，送她粉玫瑰的初中同学窦鹏，在高考结束之后，竟然曾经有次喝多了酒，到她家楼下喊她的名字，结果是，她那时已经搬家了。

而他，被别人扔下的垃圾袋砸了脑袋。

听上去像是搞笑片，但是很深情。

而且再次被砸了脑袋后，他对张晶更加念念不忘。

说实话，我对窦鹏的印象远远好过那个什么高翔，人家虽然只是健身房的客户经理，但是人家那个大方，第一次见面就送她健身年卡，现在又送花。而据说，至今高翔送给张晶最贵的东西是一块SWATCH 的手表，还是最便宜那种，送给小孩子都哄不了人。

虽然感情不能用金钱来衡量，我还是想象不出一个连花都不送、一毛不拔的男人对张晶会有什么深刻的感情。

但是张晶的想法却又不一样了。

“27 了啊。”张晶说这话的时候，我跟陆微都装作听不见。

“我想结婚了。特别想结。难道我28岁之后都结不来婚？那多惨啊。连我前作家男友都已经结婚了。”她强调说。“网络作家啊！这么稀奇的物种也已经结婚了！”

我跟陆微只好继续装作听不见。奇怪了，好像我们不是27岁一样。

张晶继续说，“我现在找的人，第一要求就是结婚，什么爱情、浪漫，都交给25岁以下的女人去玩吧。高翔虽然小气，好歹是外企职员，工作正当有前途呀。等我们结婚了，大家还分什么彼此啊。大家都知道等级制的，我一个公司主管跟一个健身房的年卡推销员怎么可能有未来嘛。索性就不要开始好了。免得将来伤心。又不是25岁，谈恋爱玩玩而已，现在，我们的谈恋爱都有明确的目标啊。”

听了这番发自肺腑的惨痛言论，陆微和我都不好再讲什么，只是低头喝咖啡，又拿了时尚杂志来看，讨论了一下里面好看的衣服，说些无关紧要的废话。

张晶很羡慕我与陆微，因为我们的工作气氛都比较宽松，可以穿牛仔裤上班，甚至露背连衣裙都没关系。但是她却要严格地穿套装。

每天穿套装，一点新鲜感都没有，太无聊了。

外企可不就是这样。我跟陆微安慰她几句，又夸她穿套装尤其美丽,又有气质。

三人坐到晚上 10 点,便散了。

三个人里,这段时间,最高兴的是陆微,她这几天心情大好,可见与小男生顺风顺水着呢。没想到离开学校之后竟然还能谈一场校园爱情,简直是天赐良缘,当然愉快不已。

陆微与那小男生一起,做的事情都不沾烟火气,比如在夜晚的街头散步,去郊游,到图书馆看书,甚至去划船。

幸好陆微有的是时间,如果哪个男人没事干喊我去划船,一定被我痛骂,忙都忙死了,装什么小清新文艺青年啊。当然陆微也有她的烦恼。虽然,她觉得自己可以不遵循等级制度行事,但是等级制度却跟随着她。

陆微是有自己的一套生活习惯的。吃饭,陆微不喜欢去那些不干净的小餐馆,至少得到像模像样的餐厅才行;喝咖啡,陆微喜欢到有点特色的咖啡馆。速溶咖啡?那是我喝的。陆微觉得速溶咖啡像是洗锅水。出门,最好是有车来接,至少也得打车。虽然自行车坐得很愉快,但是坐一次足矣,两次就太多了。

美女嘛,当然要求是比较挑剔一点。这点我虽然不能跟风,但是却非常赞同的。

算算上面的开销,而且是经年累月多少天如一日,就知道所花不菲,陆微虽然愿意为了这场爱情付出一切,但是小男生竟然很有自己的自尊心，每次都抢着付钱。时间一长，没收入的小男生已经面有菜色。

这天散了之后回到家，竟然意外地见到了詹京，说是意外，因为他已经早出晚归好几天了。好几天见不到面，我有种独居女人的错觉。

家里没有男人，是很恐怖的。在他早出晚归的这几天，家里的电器仿佛约好似地全坏了。水龙头漏水；洗衣机不转了，任我拳打脚踢也没有反应；连空调也呼出最后一口气，然后就心安理得地休息了。

家用电器，总是欺负女人。

见他回来，我仿佛看到了救星。扑上去，一股脑地跟他把家里的故障都说了。

他高深莫测地点了点头，不发一言，胸有成竹，然后，很神圣地从柜子里搬出了一套复杂精密的工具来。

他先检查了一下水龙头，说了声：松了。于是拿出一把工具，拧紧了。

他又开了开洗衣机，奇怪的是，他打开洗衣机，根本没怎么动它，洗衣机竟然自己转了起来！这明显是欺负人嘛。为什么我开它就不转？

接着,他又不知怎么捣鼓了一下空调,空调竟然也恢复正常了。

我目瞪口呆地看着这一切,忽然明白了,这就是我家的等级制度。

这就是一家之主与外来住户的区别。

连家用电器都听他的话!我满心悲愤。在这个家里,我还有什么地位可言?

第二天我趁着詹京出门,狠狠踢了一脚洗衣机!势利鬼!竟然不买我的账。

结果踢得直跳脚,低头一看,原来自己穿的是拖鞋!那个疼啊。

揉了半天的脚,我准备好好补偿一下自己,找陆微出来玩。打电话过去,她却说她已经跟小男生在咖啡馆了。每次都是咖啡馆,真不知道她腻不腻。正想说算了,陆微却忽然热情起来,说,“不如你一起过来吧,正好见见他。”

灯泡,我是一向最怕当的,因为照耀了别人牺牲了自己还会被人家腹诽。但是,22岁的小男生究竟是什么样子呢?我对陆微身边22岁的小男生充满了好奇。

一番天人交战,最终对八卦的渴望战胜了自尊。我随便套了件外套,就去了咖啡馆。

陆微这天穿了件白色的T恤，一条牛仔裤，完全不是平时见我们那种妖娆的样子，简直像从操场上刚跑步回来。小男生坐在她对面，干干净净地穿了件衬衫，看上去倒也并不幼稚。

见多了各种各样的男人，再回头看22岁的小男生，这种感觉，好比是吃多了红烧肉，忽然上来一盘黄桃芦荟的情形，任谁都觉得心旷神怡。我忽然能够充分理解陆微的心情了。22岁的小男生简直就是清新的薄荷香气，是对我们的犒赏。

我们点了简餐和饮料，边吃边聊，谈的都是些无关紧要的话题，一边谈，我一边在心里慨叹自己已经太老了。

小男生只关心APP STORE里更新的奇怪软件，而我的那台Iphone是报社抽奖所得，至今也就是用来打电话和拍照片，偶尔上网也不过是为了检索资料。

小男生喜欢的音乐都是偏僻的民谣歌手，几乎所有东西均购自淘宝，每天必上的网站是“人人网”和豆瓣，拍照片喜欢逆光。我明白陆微为什么这么喜欢跟小男生在一起，因为至少能经常更新自己的知识结构。不然，真的会有代沟，会迅速被这个见异思迁、朝三暮四的世界所淘汰。我就明明白白地觉得，我跟小男生之间，就算没有鸿沟，也绝对有条臭水沟。

谈了一会儿，小男生去了洗手间。

我立刻夸奖陆微说：“有眼光。”

陆微谦虚地笑着说:“哪里,哪里。”但她又忽然神秘兮兮地掏出两百块塞给我,跟我说:“过会儿,你付账。”

我有点疑惑:“干嘛把这个好人让给我当?”

“不是啦。要是我付的话,小男生会抢着付的,过会儿你就说你最近加工资,请我吃饭,顺便请他。我实在不好意思这么让他付下去了,否则他在学校估计只能吃榨菜了。”

我这才明白她的良苦用心,并且深深为之感动。估计以前陆微从来没为哪个男人如此设身处地地想过。果真是感天动地的爱情故事。

身负使命,下面的话题我就交给陆微和小男生去探讨了,他们讨论了一下要一起出去旅行的话题,接着又沉默了半天,不说话,只是互相凝视着。我怀疑如果有只蚊子从他们眼神中间经过的话,一定会被电死。那股酸劲,我离得三丈远都觉得难熬,再次领悟到电灯泡确实是不能当的,于是喊小姐买单。

一听买单,小男生果然训练有素地开始掏钱。陆微立刻按住他,说,“这位姐姐今天请我们。”我晋升为姐姐,虽然不太乐意,但是自然不敢怠慢,示意小姐过来我这边。谁知小男生已经迅速将钱交到小姐手里,并且很绅士地示意我将钱收起来。我只好无奈地看了看陆微,只见她已经心疼到脸上了。

女人,实在是不可理喻。既然这么喜欢花钱,不如下次请我吃饭了。但是,我知道,只有对待喜欢的男人,女人才有可能变得这么不可理喻。

小男生付完账,又笑着说了一声:"有男人买单,女人们才会永葆青春嘛。"

这句话虽然风度翩翩,体贴周到,还很幽默,但是我跟陆微对望一眼,实在没能笑出来。如果这是一个 35 岁的男人说出的话,那我们已经由衷地开怀大笑,并且觉得愉快而且荣幸。但是,这由一个 22 岁的小男生讲出来,我们只有在心底苦笑,并且明白了一件事情:在这个小男生面前,我们永远是比较老的那个。而且我们还是比较值得同情的那一方,因为虽然我们比他有钱,但是他的青春是无价的。

回去后,我迫不及待地打电话给张晶讲今天的见闻,讲到陆微买单的小伎俩,叹息不已。听筒那头,张晶默然无语,我才恍然大悟,这恰巧又击中张晶的痛处。小男生那句:"有男人买单,才永葆青春。"那没有男人买单的张晶可怎么办呢?没想到我身边两个女人竟然遇到关于买单的截然相反的苦恼。一个买单太勤快,而另一个则太不积极。如果这两个男人能在买单问题上对换一下,那毫无疑问,我们将会过上太平的生活,幸福的日子。

但是问题仅仅如此简单吗?等级制度仅仅因为金钱而存在吗?

过了不久，事实就义正辞严地跟我们说了一声“NO”。

在经过了一段时间的交往后，陆微和小男生已经走到了“接吻”这个关键的环节。陆微熟门熟路，小男生则有点消极抵抗，把所有的主动权都交给了她，大概因为他也不太明白该怎么对付眼前这个跟自己以前遇到的年轻女孩子不一样的女人。接吻之后，陆微的脑海中忽然浮现出一个严重的问题。

下面，该去哪里呢？

陆微家？陆微还与父母同住呢。虽然他们对她早已经不闻不问，但是带个男人回去还是太放肆了。而且还是这么小的一个小男生。陆微几次试探发现父母最近连出游计划都没有，安心地在家看电视。

酒店？带一个22岁的男孩子去开房。别说别人，就连陆微也觉得自己像是在拐卖少年。想到酒店前台的接待员有可能露出来的神情，她就已经受不了了。

小男生家？他跟同学租一个房子，得趁着他同学不在才行。躲躲藏藏，窝囊透顶，完全不是陆微的行事风格。就算真能趁着他同学不在，陆微也不敢想象22岁的小男生的房间里会是什么样子。

她向我们诉说这些烦恼的时候，我非常惊异，不禁问她，“那你以前是怎么办的？”

“以前那些男人都有自己的房子,或者去酒店呀。很奇怪吗?”

“不奇怪。那要是没有房子又没钱去酒店……?”

“以前,这样的男人我只有两个字送给他:滚蛋!”

“哦。原来如此。”

陆微此时对我们长达两天的有关等级制度的讨论,做了最后的总结发言:所以,等级制度不仅是金钱制度,还包括很多其他的东西。

其实,我知道,女人中也是有等级制的。

比如有一次,陆微与我,忽然讨论到了历史。

两个女人谈历史,是很奇怪的场面,我们不知怎的,讨论到了“佃户、自耕农以及农奴”的区别。我高中确实学过类似的知识,但是早就忘记了。于是陆微给我补课。

她向我解释说:“自耕农呢,田地是属于自己的;佃户呢,是帮地主家耕作的,收成大部分归地主,但人还是自由的。农奴呢,连身体都是地主贵族的,农奴这个物种嘛,我国在封建社会时期基本上就没了……”

她正要继续说下去,我灵光一闪,大叫起来:“我明白了。其实他们的区别跟单身女人、情妇和老婆的区别是一样的!单身女人是自耕农!佃户是情妇!老婆是农奴!”

陆微惊讶地看着我,为我举一反三的智慧惊喜不已。

我忽然明白过来，怪不得我总觉得比张晶和陆微地位低一点，因为我是佃户，而她们是自耕农！

但是陆微又问我："那……可是难道我们的最终目标是……当农奴！说出去好丢人哦！"

"是呀。"我也明白了。搞了半天，原来我们的目标就是把身体和劳动力全部交给一个人，当个农奴！但是按照这个等级制度，等我们完成我们的终极目标了，其实是到了社会的最底层，那时候我们是不是又会羡慕佃户和自耕农呢？

我彻底懵了。没想到研究历史问题，竟然能研究出这么深刻而触目惊心的结果。

未完成的一夜情

他拿出一个新的卡通杯子给我倒水，上面的麦兜无辜地看着我，写着一句话："我想要只橙，你却给了我整个果园。"真是符合我的心声啊，我想说的是："我想要个男人，你却给了我一个处男！"

作为一个佃户，回到家里，见家里空落落的，就我一个人时，才更加了解了等级制度。

此时我该补充，有时候等级制度就是，你有足够的理由离开对方，将其一人扔在家中，不管其死活。

这便是男女之间经常出现的等级差异。

男人经常借工作之名四处游荡，而女人即使工作忙碌还是会准时回家，这或许是女人的劣根性，难道女人有着鸟类的特质？一到时间就会归巢。

如果这样想的话，那么男人则有漫游的特性，就像一群狼……

詹京就是如此，他总是出差，全国各地地跑来跑去不算，还经常全球化地出差。而我则扮演一个有气质有教养懂得分寸的留守女郎。

这次他是去首都北京，谈工作，顺便会晤狐朋狗友。理由冠冕堂皇。

我喝了杯水，在电话前坐了半天，犹豫是不是该给他去个电话，问候一声，还是当他不存在，倒头睡觉。最终我还是决定尽责地打电话过去问他一切是不是还顺利，结果电话一接通，便听到那里一片莺歌燕语，明显是在什么娱乐场所，而且一定在喝酒。

“在干嘛呢？”我的口气如同管家婆。

果然，詹京说正在外面跟朋友喝酒唱歌，问我有什么事。这个时候，他旁边不知道什么女人痴笑着在喊：“詹京，快过来！”我好脾气地说：“没什么，就是看看你是不是顺利，你好好玩吧。”

我挂上电话，随手摔了一个杯子，就收到了罗笠的短信。

罗笠问我：“去我家一起看影碟好吗？”

此时是深夜11点，一个男人邀请我去他家里看电影……面对这样一个露骨的ONS邀请，我头脑一下子燃烧起来，不知道该怎么回答他。

我给张晶打电话，她竟然在跟高翔喝咖啡。她声音发嗲，说，“什么事呀？”我说罗笠邀请我去他家看电影。她明显已经发了花痴，不想在高翔面前暴露出她禽兽的一面，于是她前言不搭后语地说，“宝贝儿，我晚点再给你电话好吗？”

我再打电话给陆微，陆微一开口竟然是法语。原来她正在跟一群法国留学生聊天。我立刻患了中文自卑症，没了倾诉的欲望。

我决定自己来搞定这件事情。我洗了澡，换了衣服，抽了根烟。然后发短信跟罗笠说：“你来接我吧。”我告诉了他地址，他说，“马上就到。”

我转了一圈，又抽了根烟，还是没见他来。我仔细想了这件事，在房间里转了一圈又一圈，好几次想取消这次约会，但是一想到詹京那里的女人笑声，又坚持了下来，妈的，男女平等从这里起步。

等了好久，他终于到了，原来是转了几圈没找到地方。说他笨，不是假的。

因为等了太久，我原本燃烧的脑袋已经只剩灰烬，坐上车的时候有些意兴阑珊。

这个处男为什么要找我呢？难道是拿我练兵吗？我有些头疼，打开车窗看着外面的灯光，满心的疑惑。

他也沉默不语，并不没话找话，懂得沉默的人是聪明的，我忽然对他有好感，不禁扭头看着他笑了一笑，他也好脾气地笑。

他的家在一个新小区的最里面，七拐八拐才到了。推开门，我眼前立刻一亮，正是我喜欢的小房子，一个干净的单室套，蓝色的装修基调，井井有条，我从中发现了一个男人可以达到的整洁极限。

没有满地脏衣服，没有臭袜子，干干净净，墙上贴着几张电影海报，竟然都是意境悠远的，连张情色的都没有。

他甚至拿出一个新的卡通杯子给我倒水，上面的麦兜无辜地看着我，写着一句话："我想要只橙，你却给了我整个果园。"

真是符合我的心声啊，我想说的是："我想要个男人，你却给了我一个处男！"

"我带你随便转转吧。"他大概也不知道如何是好，就这么跟我说。于是他带着我从客厅转到厨房，介绍他的装修心得，说得津津有味，而且越说越起劲。而我则在心里不停想，难道处男都有洁癖吗？这哪像一个单身男人的家?!

参观完客厅后，我们就走到了房间门口。

"电视机和影碟机都在房间里。"他不好意思地解释说，"因为一个人在家习惯躺在床上看碟子。"他领我走进去。房间里摆着一张同样是蓝色的椅子，他笑着说，"我把这张最舒服的椅子让给你坐。"我一坐便陷下去，果然非常舒服，简直有催眠效果，我真想坐在里面睡一觉。

但是我还是很有责任感地想起来，自己是来看电影的。

于是竟然真的看电影。

我们在一堆电影里面挑了半天，挑中了北野武的老片子《性爱狂想曲》，一个男人绞尽脑汁想买辆车，就是为了可以找个女人在车上做爱。主角是个面无表情的男人，愚蠢又无辜，从头到尾表情都没换过，一脸的木讷。

我们两人笑个半死。这是一部多么奇怪的电影啊，它有色情元素，但是一点都不色情，这是什么信号呢？我很头疼，如果他不是个处男，可能一切会好办得多，但是处男……我有种荒诞感。

电影结束的一刹那，我们失去了遮羞布，被迫推到了历史舞台的前沿。这时不知哪里来的蚊子咬我，我说："痒……"

他说："把胳膊给我看看。"

我把手伸过去，他就势握住了……

难道要开始了吗？"明天要早起"，我竟然还在这个时候想到了陆微的教导。

就在这关键的时刻，我犯了大忌——我忽然很想笑，很想笑。但是在心里笑完之后我又觉得非常荒诞和可怜。

这是我第一次很没有职业道德的笑场。

"我要走了。"我站起来，拿起我的包，很郑重地说。

他有点愣,显然受了打击,我看出他的紧张无措,有点惭愧,哪有我这样出尔反尔的?他解释说:“其实我不是那个意思……”

我一下子被得罪了:“难道你的意思是我自作多情吗?”我心里想。他或许也觉察到自己说错话,又想解释:“其实也不是……”

什么乱七八糟的。我一甩手,就出了门。

那个小区还真够大的,我七拐八拐地竟然找不到小区大门,他在后面跟着我七拐八拐,大概很迷惑我在小区里转来转去干什么。

我又急又气,差点拔腿狂奔,才终于走出了小区。

他疾步跟上来,抢先帮我拦了车,我冷着脸坐上去,一声不吭。他又趴在车窗上,他喊我的名字:“陈栗……”似乎有很多话要说,但是又什么都说不出来,他只是趴在车窗那里,看得我心乱如麻。我只好反过去安慰他,拍拍他的手,微笑一下,才叫司机开车。

“你没事吧?”我上车后他又殷殷地发消息来问我。

我说,“没事,我只是厌倦了无聊的关系。”

他紧接着问,“那你想要什么样的关系呢?”

“不能给就不要问。”发完这一句,我知道他不会再回答我了。

果真没有回答。

他是有女朋友的。我想起在日本料理见过他的女朋友,淑女又漂亮。我算什么?莫名其妙跑到人家家里去,也不知道自己究竟要干什么……

我又想到身在远方的詹京,心里却又没有报复后的愉悦。

总的讲来,惟有我是失败的。

不过,仔细想来,他的家里竟然确实没有女人的痕迹,我记得自己一进门就如一只猎犬,想闻出点什么来。

我甚至还直截了当地问他,现在的是你第几个女朋友。

他老实的回答,“第一个。”

“你们恋爱多久了?”我好似婚姻登记处的八婆。

“两年。”竟然已经这么久了,真的还是处男吗?

“你女朋友是干嘛的?”我又问。

他已经有点窘,拒绝回答我。嘟囔着说,“在公司……上班。”

这叫回答?这是我至今听过的最糟糕的回答。

我想,或许他真的是个处男。

但是他到底是有女朋友的。所以他没有再回我短信。

回到家后,我发了很久的呆。陆微和张晶陆续良心发现,打电话来问我刚找她们有什么事。有事也变成没事了。我敷衍几句,就挂了。

接下来的几天我明显有点蔫了。我表哥喊我去吃冰淇淋,见我没精打采,就问:“你又怎么了啊。”

我只顾拨弄杯子里的冰淇淋,他又问一遍,我才哀怨地抬起头来:“有天晚上罗笠邀请我去他家了。”

“啊?什么?你你你,你们没干什么吧?”没见过世面的表哥,大惊失色。

“能干什么啊?总是这么大惊小怪的。”

他又很认真地说:“人家罗笠很老实的,你别非礼人家啊……我是答应把他介绍给你……但是……你没真的把他怎么样吧?”

这都是什么世道啊。女人都变成了流氓,男人倒成了受害者。

我没好气地说:“我能把他怎么样啊……表哥你怎么吃里扒外啊……”

表哥大概也觉得自己站错了队伍,又紧张地问:“那他没把你怎么样吧?他这么晚把你约到他家是什么意思嘛。”

我就是不知道他是什么意思啊。我向表哥请教:“你们男人到底天天在想什么呀。”

我表哥不接我的茬儿,而是说:“哼,没想到罗笠竟然也是个流氓!”

但是忽然他又很同情罗笠,他说:“罗笠肯定一夜都没有睡好。”

他又说:“说不定他还吃了一粒伟哥呢!”说完他自顾自地笑。

无良表哥。亏他想得出来。

但是他又正色说:“他肯定再也不会理你了。这在一个男人的泡妞道路上是一个多么严重的打击啊!”他仿佛感同身受的样子,又教育我:“你也是!那么晚去人家家里什么意思嘛,既然去了干嘛又那么晚坚持要回家……”

“难道你的意思是我应该留下来吗?”

“这倒也不是。不过你给我记住,要想泡到罗笠,你就千万不能跟他一夜情。”

不知道他在颠三倒四说什么,我郁闷得很。陆微总是教导我说,如果不跟一个男人睡一觉的话,他是不会记住你的。亦舒也说:“男人与女人的距离如果不拉近,就一定远得看不见。”但是我却错失了一个让他记住我的机会。

我想,他肯定再也不会理我了。

而我,也对那天晚上的事情产生了怀疑,这个男人真的是想邀请我去一夜情的吗?但是似乎又不像啊。难道他是真的邀请我去看电影的吗?……这就更奇怪了。难道处男都是这么奇怪吗?

我求知若渴地悄悄问表哥:“表哥,罗笠真的是处男吗?”

我表哥一脸毋庸置疑的神情:“绝对是,相信我!他就那么一个女朋友,而且女朋友一直住在父母家,家教严得很,而且女朋友的信条就是拒绝婚前那什么……”

把婚姻想得无比神圣的人确实是这样的……不过知道了又有什么意义呢。那个男人可能从此再也不理我了。

搞定男人不如搞定房子

或许,解决一个问题最好的方法就是创造另一个问题,想到这里,我决定把男人的问题,转移成房子的问题。这两个问题,都堪称是经典大问题吧?

受到这一连串的打击,我对罗笠的兴致减少了很多。处男好比是一锅粥,虽然有利于我受伤的胃,但是毕竟还是清淡了一点。他又如此不动声色,搞得我完全没有办法发挥。到了赛场上总是还没有出手就被裁判吹下场去,这种滋味用脚趾头想想也是不能忍受的。

但是我的表哥又在这无事之秋非要搞出点事来。我最近才发现,我表哥之所以这么喜欢跟我聊天,完全是因为他可以肆无忌惮地嘲笑我的罩杯。我们的开场白往往跟罩杯有关。比如今天他发来一张波霸美女图,我看了看,说形状不好。

他立刻来劲了:“你连形状都没有,还好意思说人家。”

歧视A罩杯的男人,我一直觉得他们是乡村干部的品位。但是没办法,或许罩杯等级制也是一种制度。作为一个标准的A罩杯这么多年来我难得的一直保持着一种良好的心态。我经常教育我表哥:“你知道不知道?以前欧洲的贵族都以小罩杯为美的!”

“是啊。所以,欧洲的贵族才会没落啊!”表哥义正辞严地说。

看来,我跟乡村干部确实无法交流。我决定下次介绍C罩杯的陆微给我表哥,镇一镇他。

晚上跟陆微吃饭,她这几天迷恋塔罗牌,非说自己有灵气又有悟性,简直可以开个巫婆店营业了。她非要给我“塔一塔”,研究一下我的现状以及走向。

我对塔罗牌并没有信仰。但是我对陆微有信仰。这种信仰是非常牢固甚至爱屋及乌的。因为信仰陆微,我也信仰了塔罗牌。

我让她“塔”一下我跟罗笠。她装神弄鬼地摆了半天的牌,然后告诉我她“塔”出来的结果是:“不管你跟罗笠搞不搞,都无伤大雅。”

废话。我们搞一下又不会影响世界和平,当然无伤大雅了。我对其信仰降低一成。

我又想到詹京，于是让她"塔"一下我跟詹京，"塔"出来一张"死神"，说我们的关系其实早已经结束。这倒是。貌合神离嘛。我们最近的关系，已经陷入低谷，我很后悔跟他提到结婚，如果我不提，大概事情还不会如此糟糕。结婚这两个字一旦出口，后悔也迟了，世界和平已经被破坏了。

"塔"完了男人、工作，我几乎已经没什么好塔的。但是，灵光一闪，又让她给我"塔一塔"我该不该买房子。于是陆微"塔"出今晚最灵的一个结果。一年内买房子对我是好上加好，能使我心态变好，万事如意，洪福齐天……

太有道理了。要摆脱目前的困境就得搬走，搬走就要有房子住。我暗自决定开始准备买房子，成为一个有产女人，过上理想的生活。

究竟什么样的生活才是理想生活呢？不止一次的我问自己。虽然我为詹京不跟我结婚而烦恼，为搞不定处男而烦恼。但是这真是症结所在吗？

或许并不是。

我的理想生活，就是自己有个房子，过着丰富而愉快的生活。我的理想生活，就是让男人不再成为烦恼。这个境界很高了吧？

说完这句话，我忽然觉得自己的形象高大了许多。

想想我热爱的《欲望都市》，里面哪个女人没有自己的房子啊？

夏绿特甚至离婚后还获得了一套高级公寓!

我又问陆微:“你怎么不塔一塔你跟小男生呀。”

陆微半天不吭声,只是玩自己的塔罗牌。过了一会儿,她才说,“那早是过去的事情了。你好歹也是记者,怎么对时事这么不了解啊?”

“什么?这么快?”

“是呀。这事儿能慢吗?分手就得快。哪像你,摇摆不定,三天换一个主意。典型的劣等双鱼!”

陆微一边训斥我,一边看上去有点伤感。我安慰她,“算了,不就是分手嘛,不要这么伤感。”

“我才不是为分手伤感呢,我现在已经爱上别人了。”

“什么?”我忍不住尖叫一声,没想到她换情人比我换主意还快,真是“人外有人,天外有天”。

我目瞪口呆地不知道如何表达我瞬息万变的心情。从惊讶到感伤再到惊讶。我脆弱的心脏因此备受折磨。

我忍不住问她,“你跟小男生究竟怎么分手的?”

“他太小了呀。”陆微翻了翻眼睛,很不负责任地说。

“但是你一开始就知道他小啊。”

“但是我一开始不知道原来这个问题这么严重啊。”陆微振振有辞地说。

“那究竟是怎么个严重法呢?”

“他住的地方竟然连个洗澡的地方都没有,你说严重不严重?”

“你就因为他住的地方不能洗澡而抛弃了他?”

“废话,如果上完床之后不能洗澡……你说怎么办? 我当时就抓狂了。”陆微若无其事地说了一句,又再次陷入了伤感。

“那你伤感什么呢?”

陆微沉默了半天,才告诉我,她将不得不承受一场永别,因为她现在爱上了一个马上就要回国的法国男人。她说得深情而且绝望,一边咬她的指甲一边抽烟。我总担心她会伤心地落下泪来,用法语背诵一首忧伤的诗歌。但是她没有,她继续咬指甲。

她跟那个法国人在一场文化交流活动中认识,之后法国男人用很老套的借口邀请她担任自己的导游,他们把这个城市的小吃吃了一遍又一遍,风景区逛了一圈又一圈。

法国人完全被中国的廉价市场搞疯掉了,买了十几条牛仔裤,三十几件 T 恤才冷静下来。接着又去买了五块假手表回国送人。陆微为此跑烂了两双高跟鞋。

做完了这一切之后,法国人松了一口气,完成了物质问题,开始思考精神问题,所谓精神问题也就是男女问题。他将目光转向陆微,陆微心领神会。

异国恋本来也没什么新鲜的。我跟张晶,属于连本国男人都对付不了的女人,因此都觉得索性就不要再扩展国际战场了。陆微不一样,本国男人基本对陆微已经够不上挑战了,她的眼光早已经"全球化"了。陆微唯一的遗憾是,遇到的是个法国男人,而她暂时不需要提高法语,倒是希望遇上个德国或者西班牙男人,顺便学点德语或者西班牙语。陆微是个语言学习狂,连四川话都希望熟练掌握。

如果说这件事情对陆微有什么特殊意义的话,就在于,那个法国人马上就要回法国了。当陆微知道这一点之后,她感受到了强烈的失落与不适应。

分离产生爱情。毋庸置疑,在分离面前,连陆微都觉得自己爱上了这个法国男人,不能承受跟他天各一方的结局。

我继续目瞪口呆。不是我不明白,这个世界变化太快。我还沉浸在她与小男生的问题中,她的烦恼早已经转移到别处去了。

我不由从此得到了启发,一下子觉悟了。或许,解决一个问题最好的方法就是创造另一个问题,想到这里,我决定把男人的问题,转移成房子的问题。这两个问题,都堪称是经典大问题吧?

接下来的日子,我的生活因为房子变得忙碌无比。每天都拿出自己的存折来研究,又天天琢磨能找谁借钱,还要上房产网看信息。如此丰富的生活下,我简直都快对男人没兴趣了,终于找到一样比男人更重要的东西,未尝不是一个觉悟。

其实,男人的存在,早就该得到质疑了。有段时间,科学界让全世界的男人都杞人忧天了一把。因为科学家说男人的Y染色体无比脆弱,因此遗传下去很可能500万年后男人就灭绝了。当然,科学家里男人占了多数,虽然他们知道做这种500万年后的预见非常不负责任,但是或许他们心底还是有那么一点点悲壮感觉。

男人,为这个社会做了多大贡献,奉献了多少能力、财力以及精子啊……但是,他们竟然——会灭绝!

不过,对于很多女人来说,这个是早已经不用论证的事实。有次,一个悲伤的MM在网上发了个帖子,问了大家一个问题,我们还需要男人吗? 她说她自己挣钱自己花,自家的马桶自己修,搬家有搬家工人,逛街吃饭跟女朋友更愉快。这个单身了很久的女人有一天很惊恐地发现自己根本不需要男人了。

不只她这么想,身边有男人的无数个女人也向我透露了类似的想法。一个有房有车的女人说她现在发现有男人甚至是种负担。比如她每天开着车除了送女儿上学还要送老公上班,一家三口出去旅游都是她安排地点订机票订旅馆……她充当管家、司机、园丁、保姆等等角色,简直像个双性人。最近她终于决定逼老公去学开车好解放自己的双手,结果还是她帮他找学校、报名、交钱,连哪天去报道还要她提醒。我坐在她的车上,她在我旁边恶狠狠地说，男人全灭绝算了。

至于性生活，《欲望都市》已经给出解决方案，那群女人用“粉红色的小兔子”振荡器，根本都不愿意出门约会。

这是有产业的女人，所以理直气壮，什么都不怕。我想，还租着房子的女人应该是希望把自己嫁出去有个稳定的家吧。结果最近一个租房族咬着牙买了套单身公寓，“爱情易碎，买房万岁”。她说指望男人不如指望房子，男人这种东西，用莫文蔚一句著名的歌词就是“讲也讲不听，听也听不懂，懂也不会做，做也做不好”。

得到这么多的鼓励，我很想快快地迈入“有产女人”的行列，到时候我就可以以手指天，大喊一声：让男人灭绝去吧！我是希瑞！

我看的第一个房子是一个没窗户的房子。陆微问我，你确定那是一个房子吗？

一切看上去都很美，除了没窗户，面积很小，隔成了两间住人基本也没什么问题，就是通风全要靠排风扇。房主是一个帅哥，身材笔挺，正是我中意的类型。但是现在情况不同了，我们处于两个阵营当中，为了房子唇枪舌剑，大煞风景。我觉得价格太高，他不断吹嘘房子的好处，最后筋疲力竭。出了门我才觉得确实房子里有点闷。我终于打消了买一个没窗户的房子的念头。虽然这个念头听起来挺酷的。

我被成为“有产女人”这个念头激励着，简直夜不能寐，天天看房不亦乐乎,跟詹京每天的晚饭也缺席。几天之后两个人晚上见面,倒觉得惊喜许多。

他说:“你这件衬衫,哪里买的,不错嘛。”

我说:“你原来感冒了啊……”

可见感情如果尚未完全破裂,距离就是微波炉,能使之瞬间升温。两个人问候到最后,倒含情脉脉起来。

他漫不经心地问我:“你最近在考虑买房?”

他怎么知道的?我一时间不知道如何回答。他似乎看出了我的心思,又漫不经心地说:“我看到桌子上你留下来的报纸,上面的二手房版块被你画满了红线。”

原来如此。我跟他开玩笑说:“你应该庆幸是二手房版块而不是征婚版块。”

但是他没有笑,他很认真地问我:“你为什么想要买房?”

“我想有个家。”我也认真地说。

“这里难道不是你的家吗?”他似乎很惊异。

“什么?”我在心里不停地抗议,“这里怎么可能是我的家?如果这里是我的家,为什么每次吵架离家出走的都是我而不是他?”

我脱口而出:“这里当然不是我的家!”

他又问:“那要怎么样,这里才算是你的家呢?”

我的心里在大喊:“跟我结婚!跟我结婚!跟我结婚!”

但是这么丢脸的话我当然不会说出来。我想了想说，“等你家的家用电器开始听我话的时候。”

“家用电器？”他明显没明白。不过他的脸上有了一点柔情。他想了想说：“你应该把这里当自己的家才对。”

怎么当啊？我在心里想，这还能随便当的吗？我不禁在心里冲他竖了一下中指。

随即，电光火石间我忽然明白过来，他这是在挽留我吗？

但是这个挽留也太婉转了吧？

而且，就这样婉转和轻描淡写的挽留了一下之后，他就转身专心看自己的杂志去了。

这天深夜醒来，我发现自己跟詹京拥抱着，以一个纯熟的姿势，我侧着身体，腿压着他的腿，他的手则准确地搂着我的腰。两人蜿蜒的曲线都配合得恰到好处。是的，这个男人，不管怎样，他终归是爱过我的。用他那仅剩的一点点爱，用他从以前的女人身上节约下来的一点点爱，用他吝啬小气的一点点爱，爱过我。就好像我有一水缸的水，倒给他一桶水。他有一碗水，于是给了我一碗水。虽然少了一点，但那是他仅剩的水啊。我这么想着，一感动，差点又倒给他一桶水。

我看着天花板，睡不着也不敢动。一秒钟长过一年。瞬间我便老了十岁。我忽然想，如果我的时间能够迅速点，而他的时间可以慢一点,我们或许可以在荒芜的时间旷野上相遇,两人也学着张爱玲,矫情地问一声,哦,你也在这里啊。我也不用因为遇到一个28岁的处男而激动,他也不用害怕我这个年轻女人伤害他、背叛他,我们就赤裸裸地相信了对方,死心塌地地,视自己如无物,跟对方死嗑到底,如果能这样。多好。

但是第二天早晨,我醒过来的时候,又觉得自己昨天深夜真是深情得可耻。人的分裂就在于,早晨跟深夜想的根本不是一码事。我的朋友陆微曾经深夜的时候忽然醒过来,想到一个男人,心潮澎湃,想嫁给他。于是就给他发了个消息,问他愿意不愿意跟她结婚。发完后倒头就睡。早上醒来,想起这件事,懊悔不迭,生怕那男人拿着戒指来逼婚。结果,那男人从此杳无音信,再也没在陆微面前出现过。陆微由此总结说,男人,是非常不经吓的,一定要保护他们脆弱的心灵。

此时的我,虽然鄙视自己,又庆幸没有深夜将詹京喊起来,含情脉脉地告诉他,我要一辈子跟他在一起。否则,詹京一定会连夜跟我分居的。如此一想,真是有劫后余生之感。

一颗恨嫁的心与婚姻的真相

结过婚的人总是这么说。就像有钱人总说钱没什么用一样。而对于我这颗27岁的恨嫁的心，对于我送出去的礼金，对于我妈不断的催促，婚姻对我来说就代表所有的意义，代表男人的诚意，代表关系的价值。

隔几天我跟詹京去书店买书，两个人闲闲地走在街上。已经是秋天，树木开始落叶，在这个南方古城，秋天总别有一番韵味。我挽着他的手，心里沉静且绝望。他的鬓角已经有白色，却有一种格外美感。女人在二十多岁时，总容易爱上成熟的男人，他们仿佛就是为我们制造出来的。他是岁月沉淀下来的石头，沉默又圆润。他们需要青春的抚慰，而我们则需要稳定的支撑。于是我们天造地设地走到了一起。但是婚姻靠边站。

自从我产生了与他结婚的想法后,这个想法就不可抑制地膨胀开来。而他似乎也觉察到了这种膨胀,于是一针将其戳破。

“噗”一声……就瘪了……

他试图说服我,他总是说:“栗子,婚姻不是你想的那么简单,婚姻并不能保证什么,也不能代表什么。我们就这样好好在一起,不好吗?”

结过婚的人总是这么说。就像有钱人总说钱并没有什么用一样。而对于我这颗 27 岁的恨嫁的心,对于我送出去的礼金,对于我妈不断的催促,婚姻对我来说就代表所有的意义,代表男人的诚意,代表关系的价值。

我心里不断抗议,无奈嘴上却什么都说不出来。我不敢逼婚,我没有资格逼婚,也逼不了婚,只会把他吓跑。

一个快 40 岁的男人,绝对比 30 岁的男人跑得快,说不定我话还没说完,此人已经跑得没影了。

我也很理解詹京,他结过婚,他确实对婚姻有发言权。在他眼里,女人结婚后就不可理喻。他的前妻曾经热衷于查他的邮件,偷听他的电话,翻看他的包。总是怀疑他跟其他女人有染,当然她的怀疑好多时候确实是正确的。他们维持了十年的婚姻。其间他妻子不停地威胁说要离婚,有一天詹京终于答应和她离婚,结果她却崩溃了,不愿意离婚。

他前妻是个电台主持人。他离婚之后又爱过一个电台主持人,后来才遇到我。男人都喜欢电台主持人,这是一种非常奇怪的嗜好。这种嗜好的心理学原理我到现在还没研究出来。大概是一个从方盒子里传来的声音很有神秘感,而男人最爱神秘感。

他前妻后来已经不做电台主持人了,自己开了家公司,很有钱,但是她却不愿意离婚。她用尽各种办法想挽回这段婚姻,她到詹京单位找领导,又试过自杀,结果把詹京吓坏了,更坚持要离婚。拖了一年多,詹京放弃了一切,房子、财产,才终于成功离婚了。

所以他不愿意再婚,我万分理解。他并不是不愿意跟我结婚,他只是不愿意跟任何人结婚。他被吓坏了。

如此一想,我心里舒服许多,问题则没有得到任何解决。事实上,除了婚姻,我们倒也风平浪静,一起吃饭、看电影、逛书店,看上去也像一对优质情侣。

书店那条街,我们都很喜欢。左手是几家小小的咖啡店,右手有很多服装小店,经常可以淘到漂亮衣服。我们买了书,便到小店去看衣服。转到第三家熟悉的店,我一眼就看到狭窄的店堂里露露正跟一个男人站在一排衣服边上挑衣服。

看来婚姻还是不错的东西,至少老公还愿意陪着出来逛街。我松开詹京的手,跑过去在露露肩膀上猛拍了一下。

露露和那男人惊讶地转过身来,我则更惊讶……因为我发现,那个男人,竟然不是她的老公。

我只好急中生智,跟露露说,“哎呀,不好意思,认错人了……”我一边道歉一边尴尬地拉着詹京便走。詹京一路上怪我不稳重,我又无法解释给他听,只能暗自决定晚上约了张晶和陆微把露露喊出来审问。

外遇这个东西,我们都见得多了,但是真的发生在自己朋友身上还是有点小惊讶。况且,她结婚也不久啊。

晚上我跟张晶和陆微碰面之后,把事情大致一讲,大家就哗然了。

“什么什么?露露有外遇了?有没有搞错啊?才结婚三个月就搞婚外情?”张晶大呼小叫。

陆微则非常不屑:“哦,婚外情啊,结婚不就是为了搞婚外情吗?不然结婚干嘛?”

晚上我们三个人坐在咖啡厅里等走走,发誓非要把事搞个清楚。露露一坐下来,似乎知道我们要问什么,一脸的坦然。

张晶拍拍桌子说:“你有没有搞错啊,你才结婚三个月啊,结次婚容易吗?”

我跟陆微都拿脚踢她,要她别太激动。搞得好像婚外情的是她老公一样。不过作为在座下一个有机会结婚的女人,她这样激动我跟陆微同样表示理解。

露露慢条斯理地说出了我跟陆微的心里话，她说："你这么激动干嘛呀？"

她又接着说："我又不是结婚三个月才婚外情的……"

她再次停顿了一下，说："其实我结婚几天后就开始了呀……"

听到这里，我们集体崩溃。

露露交代，这个情人，竟然是他老公的表弟！正是那次在婚礼上，她老公闪了腰之后，接过她的男人。

看多了恶俗电影的我们，立刻在脑海中浮现出一幕场景：那个表弟，接过了露露，露露在怀里，凝视着他，两个人深情地对视，并且转圈……一个漫长的慢镜头……旋转，旋转……音乐响起，赫然是《My heart will go on》。真的好恶俗啊。

露露又很无辜地说："你们也知道，我跟老公的爱情在结婚的时候就结束了嘛。他很后悔，现在工作辛苦薪水又不高，很想怪我，又没法怪我。我何尝不想怪他呀？离婚干嘛呀，我又没说要跟他结婚……"

我们仨目瞪口呆，只听露露絮絮叨叨讲她不如意的婚姻。她还像过来人一样，劝导我们珍惜现在的好时光，千万别轻易结婚。

露露的故事，严重打击了我们三个恨嫁的女人。陆微受的打击最小，因为她早做好了思想准备。张晶受的打击最大，一整个晚上她都不肯说话，只是冥思苦想。

我们四个人散会之后，露露一个人先走，我们三个一起走了一会儿，张晶忽然问我们："你们说要是高翔向我求婚，我是答应还是不答应呢？我都被露露的婚姻吓坏了。"

我跟陆微同时"切"了一声："拜托，人家还没向你求婚呢?!"

张晶总是杞人忧天，这一点让我们很不满。

我气定神闲地表达我高超的婚姻观点：我已经决定自己买个小房子住了，当一个成功的"有产女人"。等我成为有产女人之后，还怕找不到男人结婚？而且结婚了也不怕婚姻出问题，大不了就搬回自己的房子住。可攻可守，进退自如。

张晶立刻反驳我，"你以为当个有产女人日子有多舒服啊？我的前任上司，就是个勤奋、独立又能干的女人，据说她从小就发下誓愿，这辈子要靠自己获得满意的生活，要有自己的房子。"

"不是很好吗?"

"你听我说完啊。她一直在为此努力，在别的女人还为买名牌儿沾沾自喜的时候，她已经在城中看中了一套房子，并且把那时候有限的余钱投入到了还房屋贷款的无期刑罚中。据她自己跟我说，有整整两年，她买新衣服都会心头颤抖兼咬牙切齿，这种症状直到两年后她升了级涨了工资才消失。幸运的是，与工资一起涨的是房价，她两年前买的房子狂飙了几倍，其他人都夸奖她眼光独到，快、准、狠。”

“对啊，你看！我为找到了成功的例子而欢呼鼓舞。”

“你别急嘛。但是，在这两年中，至少有两个她的女性朋友穿着名牌钓到了金龟婿，她们在比她更繁华的地段买了更大的房子，并且装修得跟杂志上的样板房似的。在这两年中，她因为房贷而辛苦奔波，不施粉黛，累得要死。而她的女性朋友却带着男朋友到她家过夜，两年里至少有十几对在她的隔壁房间数次到达高潮，有些人甚至是朋友的朋友介绍来的。只是因为她有自己的房子而且是单身，所以他们肆无忌惮地侵犯她的领地。”

我被这可怕的前景吓住了，我第一时间把目光投向了陆微，因为她是最有可能来借宿的。

“你看我干嘛?”陆微很不满地瞪了我一眼。

张晶继续说:“但她是个坚持的女人，并没有因此而放弃自己的主张，两年后她又贷款买了车，成了有房有车的‘有产女人’。”

“对啊，这简直就是我的理想!”我差点叫出来。

但是张晶继续用沉痛的语调往下说:“她冷漠而高傲地开着车自信地行驶在城市复杂的交通道路上，经常为接那些穿着高跟鞋和晚装的女性朋友深夜奔波。而那些女性朋友一个个都是没良心的主儿，开始的时候感激涕零，后来搭其他男人的车并且一直搭到结婚，从此有了自家的车还不用自己开。她因为有车而没有这种机会，而对那些乘她车的男人又没有兴趣。所以她的单身生活不间断地往前继续。当然，中间也有男人被她所吸引，但是两个人都开着车，不能同车暧昧，她也没理由去他家借宿……很多时候男女关系就是由各种借口组成，既然找不到借口，也就一切歇菜。”

我立刻愣住了：“我确实没有想到这么复杂的一层。”

张晶还在滔滔不绝：“她只好自己继续往更好的生活走，买了车之后又把家里重新装修了一遍，有人夸奖她说，你连装修都自己搞定还要男人干嘛？她觉得很有道理又难免黯然神伤。唯一安慰她的是，几年前穿着GUCCI结婚的一个女朋友被第三者插足，跟丈夫离了婚找她哭诉，说还是你好，根本不用指望那些花心的臭男人。她高兴了两个月，直到那个‘GUCCI’的离婚判决书下来，‘GUCCI’分了不少财产，包括一套豪宅和一辆车……她发现她跟‘GUCCI’的财产原来还在一个层面上，不同的是她是靠双手打拼来的，而‘GUCCI’的全是别人给的。”

我更加目瞪口呆，而陆微则眼睛变得贼亮贼亮的，仿佛看到了自己的光明未来。毫无疑问，她是想向那个“GUCCI”学习。

张晶继续用散文化的语气描述她以前的上司：“她虽然心头恨得要死但是也没有办法，只好继续往前狂奔，现在已经定下了城外的一幢别墅。她的女性朋友都表示一定要经常去那里开PARTY，她心里想还不是又给你们提供了找男人的机会！有天她坐在自己的阳台上，靠着自己买的沙发，看自己订的时尚杂志，里面有篇文章又在老调重弹地引用伍尔芙的话说女人该有自己的房子，她觉得里面说得还是非常有道理，但是回头看看自己的生活，终于忍不住骂了声‘SHIT!’”

“那她现在的情况呢？”我忍不住问。

“她后来终于结婚了，但是又离婚了，更惨的是，还把车和房子都分给丈夫一半！”

“什么？”我第一次发现了买房这个念头所带来的恐怖结果。难道就是最后人财两空，为他人做嫁衣裳？

而陆微此时则兴奋起来：“结婚真不错啊。”她说，“原来结婚不仅是感情的事情，还是财产的事情。你们觉得我是不是应该将人生目标定在分别人家产上呢？”

我们仨，竟然就这样明白了婚姻的真相！

我忽然震惊地想：“难道詹京不跟我结婚就是怕我分他家产？”

我愤怒了。这个庸俗的人！

经过此次讨论后，我开始对买房这件事产生了动摇。或许，还是结婚可靠点？一无所有的女人，结婚总不会吃亏吧？

唉，现代人要做一个明智的选择是多么难啊。因为这是一个充满了危险的世界，到处都是陷阱啊。

面对困境我们别无选择

为什么我喜欢的东西早就停产，身边的男人不想结婚，貌似可以结婚的又有了女朋友？

这天下班无事可做，不知怎地我忽然想到罗笠家的那把舒服的椅子，决定去家具城找一找。既然房子的念头尚未完全破灭，提前看看家具也是必要的。

我找到那个牌子家具的展厅，左找右找不见那张椅子，去问小姐，才知道那是几年前的旧款，现在已经停产了。

我兀自在家具城里转了一圈又一圈，满心的懊恼，满心的想不明白。

为什么我喜欢的东西早就停产，身边的男人不想结婚，貌似可以结婚的又有了女朋友?

我越想越郁闷,一气之下,决定跑去买只沙发玩。我要买只沙发放在詹京家里,好让他知道,他家也有我的财产,改天我们分手,我就拖着我的沙发,一边走一边哭,最好天上还下着倾盆大雨,就像《恋上你的床》里的郑秀文拖着个大床垫在雨中蹒跚一样……我简直被自己的想象给感动了。

我看到一款火红的沙发,又看到一款青色的沙发,红色的张扬,青色的内敛。我非常犹豫,不知道应该买哪一款才好。

拿不定主意是女人的特权,有时候我们三个女人会为去哪里吃饭讨论半天,差点打起来,最后却决定去喝茶。

我实在不能决定,索性就坐在沙发上休息,并且考虑把陆微和张晶喊过来帮我选。

如果不是我恰巧抬头,我就不会看到他。

我一直不明白自己为什么总在不合适的地方遇到不合适的人。或许是因为这个城市如此的小,购物中心都只有一个。曾经有女人在城中那家人气最旺的高级商场与丈夫和他的情人狭路相逢,上演了一出三人大战。

这个城市的偷情是如此容易被发现,除非他们整天躲在宾馆不出来,否则吃饭的地方、喝茶的地方、购物的地方,可供选择的就那几处。有人说最适合找情人的地方是北京,有四个情人可能这辈子她们都碰不到。但是在这里，就算不被老婆撞见，也会被老婆的熟人撞见。这话在未婚人那里应该改成，就算不给女朋友撞见，也会被女朋友的熟人撞见。

而我，就是那个女朋友的熟人。

那个男人今天穿了一身休闲装，告别了西装笔挺的形象，但是不等于我就不认识他了。那天他穿着一身西装，莫名其妙地向张晶走来，介绍自己说是某公司的高翔，他当时称张晶“张经理”，后来称她“亲爱的”。

但是现在他则陪着另外一个明显不是张晶的女人，在家具城里亲密地闲逛。

我急忙埋下头，拿出手机来给陆微发消息。

“我看到高翔了。他现在跟另外一个女人在我背后呀。”

“混蛋。那你先听听他们说什么。”陆微立刻回了短信。

我便侧耳倾听。高翔只顾着和那女人说话，又要听小姐的介绍，丝毫没有注意到坐在旁边沙发上的我。估计就算见了，他也不会认识我。婚礼那天我被陆微和张晶衬托得多么的渺小和不起眼啊。

小姐正在滔滔不绝地发挥她的口才，介绍说：“这款沙发不错的，是最先进的设计，面料舒适，款式大方，放在家里很有档次的……”

那女人却不管三七二十一，直奔主题，拿起标签看了看，怪声怪气地叫起来:“哎呀,很贵的呀。这么贵,难道是金子做的吗?明明只是布而已嘛。”

一听这口气,就让我觉得很厌恶,很愤怒。

小姐好脾气地正要解释,高翔谄媚地开口了:“没关系嘛,你喜欢就好,价钱你就不要考虑了。”说着他就去拉那女孩子的手,但是女孩子又很快地抽了回来,不冷不热地说:“哎呀,高翔,你什么时候变得这么大方啊。”

看来,这女人对高翔,竟然还有某种程度的了解。

我连忙给陆微发短信:“一对狗男女。高翔在给她买沙发呀。”

陆微回答说:“你撑住啊,千万别先告诉张晶,搞清楚再说。”

我很紧张,怕高翔看见我,认出我,又为张晶难过,看来张晶又要伤心一次。这个男人不是不买单,他只是不愿意为张晶买单。

以前女人没有钱,总是要依赖别人,不自由,现在有了点钱,又得提防男人。男女关系的进步,怎么总是以牺牲女人为代价呢?

正在跟自己探讨社会进步与男女关系如此宏大的命题,高翔已经跟那女人走了出去。走到门口,不知道高翔说了什么笑话,那女人只是痴笑,终于被高翔大功告成地揽在怀里了。

狗男女!狗男女!狗男女!

我在心里痛骂,脚都紧张得要麻木。连忙打电话给陆微,要她出来开会。

结果她竟然说："不行呀。"她压低了声音，说她现在有事，晚点再联系我。

太不仗义了。

我忘记了我的椅子，也忘记了我的沙发，茫然地往家跑。

这几天一系列的变故令我无法承受。难道越到后来，幸福离我们越遥远？到处是背叛和谎言。我愤愤不平，为张晶也为我自己。我转了一圈，不知道该找谁倾诉，我不敢见张晶，陆微也没有空，我在街上磨蹭了好一会儿，还是回家了。

一开门，竟看到一直单调的桌子上摆了一束鲜花，香气扑鼻。我走到里间的房间去，詹京正在读一本书。我忽然觉得疲倦，便轻轻走过去，将手放在他的肩头。

"花很漂亮，是你买的吗？"

"是呀，正巧经过花店，喜欢就买了。很香的。"他还是淡淡的，也不多说。一刹那间我觉得安定与从容，如果要能这样也好，不结婚又如何？不过是一张纸，什么都不能保证。

我忽然第一次低下头来，想认输。但是又不知道怎么说。我只是上前抓了他的手，趴在他的腿上，像一只猫咪般。

他拍拍我的头。竟然也像拍一只小猫。

我差点在这温馨时刻一觉睡过去，如果不是陆微打电话来的话。

陆微急匆匆地赶到我们家附近，我们边走边讨论张晶的事情。我急着要告诉张晶，陆微则坚持要我忍耐。陆微说朋友也该亲密有间，有些东西不该我们多说。还是让她自己发现比较好，不要平白惹得她讨厌。

陆微说完这些，忽然跟我说："皮埃尔要带我去法国。"

晚上八点，我跟陆微游荡在大街上，没有一句话比这句话更令我震动。

"你说什么？皮埃尔是什么东西呀？"

问完这一句，我才突然反应过来，皮埃尔就是那个法国男人。他竟然要带陆微去法国！

法国是多么遥远又美好的一个词语啊。我们想过一起去云南旅游，也想过一起到皖南去住几天，我们甚至也想过去欧洲旅游，但是我们都没想到其中有一个人会去法国，从此住在那里，做一个法国人的妻子。

陆微说："皮埃尔其实是法国一所大学的老师，他平时住在巴黎，但他在乡下竟然也有一个葡萄庄园。"

巴黎、葡萄庄园，我简直可以想象陆微穿着长裙摘葡萄的样子。

我忽然问她："你会邀请我去法国玩的，哦？至少也应该寄几瓶上好的红酒回来呀。"

“你白痴呀。”陆微说，“我都没说要去呢。”

我一下子从一厢情愿中醒悟过来：“难道你不想去吗？”

“谁像你这么天真，以为跟着一个男人到法国有多么浪漫。要去法国我可以自己申请过去读书啊，没必要跟一个男人去。我跟他也不过是一段风流往事，搞到这个程度我觉得很难接受呀。”

我想这辈子都不会搞清楚陆微在想什么，美人如花隔云端，我们想的东西差距太大了。

但是，目前，至少我们两个面临的困境是一样的，我们都面临一个痛苦的抉择。我痛苦要不要告诉张晶真相。她痛苦到底去不去法国。

原来有选择，并不是一件好事。选择太多，更是糟糕。有两个选择，则很头疼。

告别陆微回去后，我尝试着打了个电话给张晶。

“你在干嘛？”我问她，压抑自己要跟她说实话的冲动。

“聊天。”她压低嗓音说。

“聊天有什么见不得人的，干嘛声音这么低？”

“我在跟窦鹏聊天。”

“窦鹏？”我愣了一下才想起来，这个人不是很久没消息了吗？

“他打电话约我叙旧，我妈非要我来。她喜欢这小子。说他当年被我用铅笔盒砸了，在头上砸出一个伤疤，竟然都没找老师告状,是个好孩子。你说有没有搞错啊?”她似乎很抓狂。

在这种时刻,我实在是不应该说什么,否则她会更抓狂。

但是她忽然又放轻松了语调,笑着跟我说:“我们刚去吃大餐,他买单的哦。”

看来长期跟高翔在一起,她的大脑已经出现了变异。以前不正是她说,男人不买单就该下地狱的?现在男人买一次单,仿佛是奖赏似的。男人对女人的重塑能力,可见一斑。

我心头不由一阵酸楚,准备勇敢地讲出实话,让她跟高翔那个家伙分手。但她已经叫了起来:“挂了挂了,窦鹏去完洗手间回来了,回头再跟你说。”还没等我回答,她就挂了电话。

我只好把一肚子的话憋在肚子里,无奈地挂了电话。詹京洗完澡,披着浴巾从浴室出来,发现我坐在沙发上,一脸忧伤。

“什么事让你又拉着脸?”

我没头没脑地冒出一句:“兔死狐悲。”

哪只兔子死了,哪只狐狸悲伤呢?

我问他:“詹京,你还爱我吗?”这句话首先把我自己都酸死了。但是我真的很想问。

他很认真地想了想,又很认真地想了想。

然后非常好奇地问我:“你怎么忽然问这个问题?”

我立刻决定闭嘴。心中一片荒凉。

处男的女友从天而降

27岁了，我或许是自乱阵脚了。我内心焦虑，自己却不愿意承认。我不知道何去何从，所以沿途看到任何车站都想停一停，看一看。但是，那是别人的车站。

“你说，窦鹏这人是不是大脑有问题啊？”第二天，张晶打电话问我。

我在心里说：“有问题的是你家的高翔才对。”

她又说：“他那天竟然开了辆好车跟我去吃饭。你说这个人虚荣不虚荣？吃饭就吃饭吧，还向别人借车。难道借辆车来我就不嫌弃他是推销员了？真是的！”

我又在心里说：“还不是为了讨好你。总比你家高翔好。”难道这就是传说中的“腹语”？如果她能隔着肚子听到我的话就好了。

哪知道她接着说：“还是高翔好，虽然没什么钱，但是也不装大方。”

我一肚子的话又被掐住了。看来，这时候说，也不太合适。话憋在肚子里，我有种消化不良的感觉。

张晶陶醉了一会儿她与高翔的关系，终于兼济天下地问我：“你那个处男怎么样了？”

我一愣，终于又想起了罗笠这个人，以及这个人的顽强不屈，至今未曾向我低头。

掐指一算，确实是有好久没见到那个家伙，他也不再夜半短信问我在干嘛了，也不邀请我去他家坐那把椅子了……这个人似乎从世界上消失了一样，令我怅然若失。想当年还豪言壮语要把他抓来结婚，结果他像兔子一样一蹿就没影了。没想到处男也能做到“动如脱兔”难度这么大的事情啊。

我心头一热，就打电话给表哥要他今天请我吃饭。

表哥似乎心知肚明我急着见他是为了什么。刚点完菜，八卦表哥就谄媚地告诉我，说罗笠最近跟女友忽然热络起来了，两个人天天一起吃饭，缠绵得很。我觉得很无辜。他的这些破事难道跟我有关吗？难道他跟女朋友吵架才来调戏我吗？我冷冷地说：“可能他最近跟女友做爱了吧。觉得做爱很美好，自然就热乎啦。性乃人类进步的阶梯嘛。”

我表哥忧心忡忡地说:“你老大不小了还讲话没个正经,以后可怎么办啊?”

他又拍着胸脯说:“表妹你别怕。你表哥我永远支持你,他就算是飞到火星去,我也要让你在火星上搞定他!”

为我负责到此等程度,真是令我目瞪口呆。

“这样不太好吧……”

“什么好不好的,你等我消息!”

想必是我表哥回去后,夜不能寐,为我的未来未雨绸缪了一番后,他决定第二天约我和罗笠吃饭。

城市是如此单调,第二天我跟表哥坐在饭桌前等罗笠,恍然这么觉得。每天除了吃饭还是吃饭,不是在这个饭馆就在那家餐厅。男女之事也多半在饭桌上定下基调,又在饭桌上反目成仇。

不过,按照从哪里开始,在哪里结束的原理,这样想来的话,我跟罗笠的故事似乎应该在卡拉OK厅结束才对……正想得云里雾里,表哥拿脚踩我,我抬头一看,是罗笠推门进来了。

罗笠扭扭捏捏地走了过来。坐在那里似乎跟所有的东西都过不去。一会说椅子不舒服,一会说桌子好像有点斜(连这个都想得出来),一会又说水太烫……我稳如泰山,看准桌上最好吃的杀将过去,心里暗自想,这就是处男和一个成熟女人之间的差别啊。

饭局结束后，我表哥又很拙劣地提出要去罗笠的家里坐一坐。饶是我皮粗肉厚，也被这种无耻的上门推销精神所震惊了。

我们再次七拐八拐地到了罗笠家，大家相对无言，环绕了一圈，又对他家的装修指点江山了一番。为了表示对上次我临阵脱逃的事情一无所知，我表哥还故意跟我说："栗子啊，你没来过他家吧，好好参观一下啊。"我一身冷汗，果然罗笠用狐疑的目光看我。我只好扭过头，深情地凝望上次在他家坐过的那把椅子。

那把椅子端正地站在那里，舒服得像一个人的怀抱。

我心头一片波澜汹涌，诸多不爽一起涌上心头。我忽然勇猛起来，转头直视了他一眼，一屁股就在那张椅子上坐下来了，且说："这椅子还是这么舒服。"

罗笠和表哥都愣住了，被我的直言不讳所吓倒。我不理他们，坐在椅子上，不肯再说话。

我忽然觉得非常疲倦。如此一个令人绝望的游戏。一个28岁的处男，好男人，跟我能有什么关系呢？我除了提醒他这个世界的无秩序之外，什么都不能提醒他。我的秩序，跟他的秩序，好比是两条平行线，本没有相交的可能，偶尔地相交了，我竟然以为可以组成一个圆。这不是胡说八道吗？

我觉得自己有点失落。只是那么一点点。

正想着，就听到一个人无耻的声音："你们聊会儿，我有点事情先走了……”然后就是“噼里啪啦”的急促脚步声渐行渐远……

我还没来得及睁开眼睛，就感觉到有人走过来，蹲在我的面前。我睁开眼，看到罗笠，只有他一个人。表哥明显已经飞奔而逃。他看着我，似乎无从说起。

但是他终于吞吞吐吐地说话了：“栗子……”

他喊我的名字，却不知道该说什么。其实我也不知道该说什么，我甚至都不知道为什么自己会在这里。

27 岁了，我或许是自乱阵脚了。我内心焦虑，自己却不愿意承认。我不知道何去何从，所以沿途看到任何车站都想停一停，看一看。但是，那是别人的车站。

他也是别人的车站。

我只觉得空气中有嗡嗡的声音，他再喊一声：“栗子……”

我说：“什么都别说了。”

当然，其实也没什么好说的。

一场心慌意乱慌不择路无头苍蝇的暧昧事件。

此时的我与他，互相凝视，都以为，将会有一场漫长而惆怅的接吻，之后将是一场赤膊战。我努力想忘记他是个处男，从容奔赴战场，我甚至无耻地想，反正这次是他的床单……反正他也要结婚了……正欣欣然，我们就一起听到了一声尖叫。

停下来抬头一看，一个女人一脸愤怒地站在门口！我定睛一看,这不是他的女朋友还能是谁?

罗笠脱口而出:"你怎么进来的?"

他女朋友大叫:"你自己门没关好,开着门做这么恶心的事,你还问我?!"

慢着!恶心的事情?!我还什么都没做呢!但是我已经没有做下去的机会了,我还没当上主演,就被迫成为了观众,退居一旁,静观事态变化。

由于看多了各种肥皂剧,所以现在的都市爱情故事情节都很庸俗。只见他的女朋友哀怨地看了我一眼,随即庸俗地转身跑了出去,而罗笠也庸俗地幽怨地看了我一眼,思想斗争了两秒钟,就转身追了出去。

惟独留下我跟个白痴一样。

我坐了一会儿,发了会呆,又觉得一个人坐在别人家里不合适,只好站了起来,慢悠悠走出了门。这次竟然没有迷路,我终于顺利地走到了小区门口,见罗笠正在对面跟他的女朋友说什么,他女朋友只是低头哭。他急得跟什么似的,简直想要撞电线杆以明志。

我站在夜风中默默地看着他们,不知怎么的,想到一句话:人至贱则无敌。我忽然觉得自己挺贱的,别人的东西啊,拿过来瞅瞅还不是要还回去,搞得跟真的一样呢。

如此混乱的人生，我陷入对自己的嫌弃和诋毁中不能自拔。

诋毁了一会儿之后我才意识到，三十六计走为上计……

怕他们发现我，我贴着墙根就溜掉了。幸好路灯不够亮，他们没有发现阴暗中的我阴暗的灵魂。真是普天同庆。

我一腔郁闷无处发泄。这种郁闷在于，我被人捉了奸。不过被捉奸了并不是最郁闷的，最郁闷的是我被在床边上捉奸了！我还什么都没干，竟然就被人捉奸了。多亏啊。早知道就早点把罗笠骗到床上去了。至少在床上被捉奸有面子多了。

到了马路上就给表哥打电话："你刚才去哪里了啊混蛋！"

我表哥竟然很得意："我自己很自觉地先走了，留空间给你们俩相处呀。"

"你是不是忘了关门啊混蛋！"我又骂他。

他想了想说："哎呀，好像是忘了关门了。怎么了？被邻居撞破了？"

"邻居哪有空管闲事，是他的女朋友忽然从天而降啊！"

"啊？！"我表哥立刻说，"你等着我，我来接你去喝咖啡！"

有这样的表哥，夫复何求啊。

表哥载我到了咖啡店，我觉得这尚不足以安抚我颓败的心灵，于是打电话把张晶和陆微也叫来了。他们三个人坐在那里大眼瞪小眼，我则忽然累得什么话都不想说。

“我要回家。”我叹了口气，终于体谅地说，准备饶了面前这三个无辜的人。果然，那三人长长地松了一口气。我看了一眼表哥，示意让他送我回家。奇怪的是这个一贯主动送我回家的人竟然有点犹豫地站在那里，不知道在想什么。

“喂。送我回家啊，混蛋！”我骂他。

表哥茫然地看了我一眼，又看了一眼陆微。陆微穿着条酒红色吊带裙，正在抚摩自己的耳朵。这不是每次她勾引别人时惯用的伎俩吗？我忽然醒悟了。陆微！

原来在我埋头伤心的时候，陆微竟然在悄悄勾引我表哥！而且我表哥竟然就被勾引了。

有没有搞错！

我气乎乎地一言不发，转身就走。幸好表哥还残存着一点良知，连忙追了上来：“我送你，我送你，别急嘛，栗子我送你。”

上了表哥的车，我依然气乎乎地不肯说话。过了一会儿，表哥忽然讪讪地说：“你那个朋友……叫陆微？”

“你少来这套！”我呵斥他，“你女朋友谈这么久了，都快结婚了，你还惦记我朋友？吃着碗里的看着锅里的，你们这帮男人最贪得无厌了！”

表哥果然闭了嘴，但是隔了一会儿，他非常不服气地说了一句：“严于待人，宽于律己。”

“你说什么？你敢再说一遍？”

“你很没良心啊。”我表哥终于发作了：“我还帮你追罗笠呢，你却……”

“追什么追？谁追他了？再说了，你一直在帮倒忙，还好意思说。总之，你别打陆微的主意……你看看你自己，傻乎乎的，不被人家玩一把才怪。我看你就是看上了人家的C罩杯！”

“你怎么这么说你的朋友啊。”我表哥非常不满了。

我想想，确实过分了，于是闭了嘴。忽然觉得有点不可思议，难道，我一直对陆微心有不满吗？或者，我一直在妒忌她？

想到这里，不免有点自责。

劈腿男和钻石王老五

虽然我们一个比一个喊得大声：要嫁个有钱人！要有钱！要有钱！其实都是喊喊的，真遇到的时候，倒似乎有点被吓住了。

我失魂落魄地回了家。失魂落魄之余其实我又很想狂笑一场。

一场好精彩的闹剧。我暗自评价。我甚至非常深刻地检讨了自己，我究竟是被一个好男人吸引，还是被 30 岁的处男这个名号吸引呢？我正准备进一步进行更深刻的检讨时，陆微的电话来了。

“你表哥约我吃饭。”她直截了当地说。

我决定扮演一回封建余孽。

“陆微呀，我表哥跟他女朋友关系很稳定，他们都快结婚了。

你就别跟他玩了。”

“明明是他找我,又不是我找他。”

虽然她说得很有道理,但是我还是决定竭尽全力把我那可怜的表哥从她的铁骑底下救出来,免得他丧权辱国。

“我表哥他,傻傻的……”

“好像我会欺负他一样。傻有傻的可爱,你又不是不知道。”

话里有话。直奔要害。我投降:“好了好了,随便你们,随便你们……”

“真的吗?”那边传来一声惊叹,竟然不是陆微,是我表哥!

“你! 混蛋! 滚出来,自己跟我说!”我出离愤怒了。

“你怎么搞得跟封建家长一样,我吃顿饭你都要管……陆微还特地打电话来征求你意见,够尊重你了……”我表哥很无耻地在那头说。

我有点感动,陆微原来还这么在意我的看法。

房间里空荡荡的。我忽然觉得全世界就我一个失意人。连我表哥这种老实人,现在都玩“红杏出墙”,这个世界简直没救了。

自顾自愤怒了半天,才想起来,其实我的人生还没完,我的人生理想本来就不在这里嘛。我的理想,不是自己有间房子,然后享受人生,享受各种短暂的男女关系,从此凌驾在男女关系之上吗?如此一想,觉得自己真是人中龙凤,觉悟比他们都高多了。所以说，人还是要有点理想，在某些失意的时候用来发奋图强。这么一想，于是兴奋地爬起来上网继续查房屋出售信息。

房地产这些年像是被点燃的火箭，一日千里，令人心惊胆战。像我这种收入的，要想买房子，除非是去郊区，否则合适的房子还真难找到。我的理想是在市区，找一个干净的小小的二手房，当然，这只是理想，要找到合适的，需要很大的耐心和体力。前段时间我忙来忙去地看了很多房子都没有结果，又被张晶所谓的“有产女人”的前景所吓倒，停止了好长一段时间没再进行看房活动。今天受到打击，重操旧业，又忍不住在心里痛骂了一番房地产。

我在网站上看了半天，好不容易看到一个离我们报社不远的小房子，年代不远，价格适中，决定明天去看。

关了电脑，发现经过这一番折腾，心情倒平静不少，可见一些渺茫的情绪必须要靠干实事将它压制下去。

看看时间，已经接近深夜，或许詹京在远方娱乐得正 High。我很想打个电话，问他究竟何时回来，但是这未免超过了同居女友的权利范畴。我是个很尊重纪律的人，知道如何正确地使用自己的权利与履行自己的义务。作为一个同居女友，在男朋友应酬时打电话催促，是不道德的。当然，作为一个刚刚出去偷腥未果的同居女友，如果还敢打电话去打扰男朋友的应酬，那就不仅仅是要被谴责那么简单，这对我的综合素质也是很大挑战，我得压抑住自己的心虚，脸不红心不跳地问他究竟什么时候回来。难道我的心理素质已经如此之好吗？未必呀。

这么想着，索性自己先睡去了。

第二天，打电话约了看中的那间房子，又喊上张晶，让她陪我去看。她对房子不了解，但是她的挑剔是著名的。我计划带她去挑剔一番。

我们决定先一起午饭，然后再去看房子。午饭约在我们报社附近的一家韩国餐厅，张晶有点不满，因为离她们公司有点远。反正要看的房子也在我们报社附近嘛。我这么劝说她，她终于同意了，哼哼唧唧地来了。

我们要了个包间，脱了鞋，拉上包间门，热情洋溢地吃我们的韩国火锅，喝大麦茶。一切安详和平，幸福美满。我早忘记了昨天的不愉快，张晶也不提。尽量讲些公司与报社的人事变动，男女八卦，我又畅谈了一番我的理想生活，她深表赞同，击节叫好。两个小白领的幸福午餐时刻显得这么难能可贵。

当然，如果不是张晶去洗手间的话。

张晶打开包间门，穿好了鞋，去洗手间。有一瞬间我产生了联想，觉得她是一个即将出征的战士。如果我知道自己的联想会如此准确的话，我就不这么联想了。

她刚穿好鞋，走出包间，我正要将筷子伸向火锅里一条小章鱼,悲剧就发生了。

张晶的怒吼响彻了这个不大的韩国餐厅。

“高翔!”

听到她这声怒吼我就知道大事不妙,连忙起身,慌忙之中还没忘记把火锅的火关掉。在这种时刻还能想到这一点,我自己都很佩服自己。

我循着张晶的目光看去。那边一对郎情妾意的狗男女,不正是高翔和上次我见过的那个女人吗?我当时心里一咯噔,自责无比。最近老是忙自己那点破事,这么重要的事情都没放在心上。我后悔当时没立刻告诉张晶。但是又想,或许她自己看见更好。

此时的张晶,两眼冒火,拔腿直奔那一桌而去。气氛紧张,犹如战场,服务员打起十二分的精神准备随时去阻拦一场血战。

张晶直盯着高翔,看也不看那个女人。只是用手一指,问:“她是谁?”

没想到那女人也不是省油的灯,竟然也盯着高翔,指着张晶问了同一个问题:“她是谁?”

如果问高翔此时他的人生愿望,他肯定希望自己会隐形术或者是飞毛腿。实在不行穿墙术也不错。但是他手无寸铁,一脸惶然,怎么也没想到会面临这种情况。

他只有一个选择,要么彻底投靠张晶,要么彻底投靠那个女人，总之，一脚踏两船是不可能了。他需要迅速地做出判断，综合考虑，衡量利弊。我以为，这种考验，绝对是对一个公司人才最经典的考验。

只见高翔一下子下定了决心，他用手一指张晶，对那个女人说："她，她，她……是我一个客户。"

在这个时候，竟然能睁着眼睛说瞎话，连我都佩服高翔的不要脸精神。

但是他答对了。那个女人丝毫不介意他是否说谎，只在意她能否在这场战役中赢了张晶。

她赢了。

她微笑了。

她的微笑凝结住了。

只见张晶一把抓起桌上的大麦茶，非常准确而且凶猛地泼在了高翔的脸上，然后转身就走。我只好利索地付钱，跟上，心疼我还没吃完的火锅。

"饭还没吃完呢。"我跟在她后面小声说。

"没吃完也得走啊，不走她会拿水泼回来的！"原来她无心恋战，赢回一把就想逃。

也对，还是尽快逃走才好，说不定连我一起泼。我们出了门，叫了辆的士，落荒而逃。身后隐约有追赶和阻拦的声音。可能是高翔把那个意图替他报仇的女人给拦住了。

“我的房子。”我在车上虚弱地提醒她。

“房你个头！”这就是她的回答。说实话，从没见她这么英明神武过。

逃回报社，惊魂未定。房主打电话来问我怎么还不去看房，我说临时有事，只能改天，结果被他臭骂一顿，骂我不守信用。我何尝不想守信用呢？但是，天下的事情就是这么不凑巧的嘛。比如高翔，特地找了个这么偏僻的地方吃饭，离张晶公司那么远，他怎么知道恰巧我的报社在这附近呢？人算不如天算，大概就是这个意思吧。

费尽口舌将房主应付过去，口干舌燥，便跑出去倒杯水。拿着杯子急匆匆地去水房，一扭头，却正好看见章宇跟他的女朋友站在电梯口，两个人脸色都不好，正在吵架，而且冒出“股票”、“跌停”、“套牢”等词语。

我不禁在心里想，失之东隅，收之桑榆。虽然不得不经常看见他们两个肉麻兮兮地恋爱，也有很多机会看见他们吵架，我差点想搬张椅子坐下来慢慢看。那边章宇瞧见了我，已经很不好意思地低下了头，而他的女朋友则狠狠剜我一眼，仿佛都是我的错一样。我连忙舍弃了看热闹的想法，匆匆逃逸。

由此可见，两个人最应该避免的，就是在金钱问题上产生纠葛。成也萧何，败也萧何啊。

回到办公室一会儿，电话来了。是张晶，我以为她会哭，结果她很冷静。

“他妈的。”她骂了句脏话，这又说明她并不像她表现得那么冷静。

“早知道他不是个好东西。”她咬牙切齿。

她是最典型的事后诸葛亮。但是我不敢揭露她。我只好连连说，“是，是，是。”如果她知道我早知道了，会不会拿刀砍我？我没把握，决定让这个秘密烂在心里。饶恕我吧。

她忽然问我：“刚刚你看清楚那个女人没有？”

“看清楚了。”我心里说，其实我早就看清楚了。

她继续说：“很庸俗很难看吧？高翔这是什么眼光！拿我跟她比，我都觉得很丢脸。”

女人在失恋当口，最关心的依然是自己美不美。

“你当然比她美多了，男人嘛，品位很差的。”我安慰她，又非常庸俗地说了一句：“他放弃你，是他的损失！”说完之后，很鄙夷自己，竟然从电视剧里偷台词。

但是这句台词安慰了张晶。她很满意地挂了电话。

她的电话刚结束，我表哥竟然又来了电话。一开口就劈头盖脸地问：“陈栗！陆微是不是有个法国男朋友？”

“是呀。”我懒洋洋地说。

“那你为什么不告诉我?”

“我哪有机会啊,你一见人家就饿虎扑食。现在知道了吧,还是我未来表嫂比较安稳,你就乖乖地跟人家结婚算了。老大不小的了。”

“我已经决定跟我女朋友分手了。”我表哥忽然说。

“什么？你可千万别冲动啊。你也知道的,陆微她……”

“我知道。不管了,我得争取一下。我喜欢她,我要追她。”我表哥非常果断地说完,根本不介意我有什么意见,就把电话挂了,仿佛就是通过我向陆微宣战的。

我摇头叹息。这阵子痴男怨女也太多了,多得有点让我受不了,而且一个比一个神经病,而且如此密集地聚集在我周围,我忽然觉得我该反省一下。

分手。我想到表哥说的这个词,不禁替我那个擦肩而过的表嫂惋惜。差点就可以成为两套房子一辆车一个男人的主人,结果现在一切都离她远去了。真是令人悲哀啊。我跟我表嫂接触不多,现在想起她,竟然想不起来,面目太模糊了,总是默不作声地跟在我表哥身边,唯唯诺诺的。也难怪我表哥会一眼看中陆微,至少陆微是生动的,令人过目不忘的。如此一想,我又不禁为我表哥的眼光而骄傲起来了。由此可知,我是个多么没有原则的人。

想到这里，我摇摇头，再次埋下头开始炮制娱乐圈的故事。说实话，工作真是项令人难以产生任何感情的东西。我不得不收回当时我说过的所谓热爱工作的话。

有一个现象很奇怪，为什么娱乐圈里的很多事，当事人知道是假的，记者也知道是假，甚至连读者也知道是假的，但是大家还是乐此不疲地参与其中，把它当个真事一样对待呢？我只能说，现代人类已经越来越有娱乐性了，即使每天都开假面舞会大家也一定能够胜任。稿子写到一半，简直想抬头望天，大喊“真实何在”。作为一个新闻系毕业的学生，一进校门就背诵“真实是新闻的灵魂”之类的，结果工作之后却不停地给这个灵魂抹黑，也是很无奈的事情。当然这里面的道理还是留给刚出校门的师弟师妹去思考、去愤慨吧。

我已经27岁了。我最近发现，过了25岁之后，时不时默念自己的年龄是个自省的好办法，每次默念自己的年龄之后，我就变得非常地谦虚，内敛。话说回来，事实上，情场上的情况也并不比娱乐圈好多少，好多情侣自己知道感情已经没了，别人也知道，但是他们竟然就能一直扮演神雕侠侣而不知疲倦，我对他们真是由衷地佩服。

这时，主任走过来喊我，“陈栗，帮我去广告部拿张广告单。”

“哦。”我答应了一声，就往广告部走。经过电梯那里的时候我还探头探脑地看了看，生怕又看见章宇，幸好他们已经吵完，收工走了。我这才放心，大摇大摆地走起来。

走到广告部门口，从里面径直走出两个人来，我们广告部主任正在后面相送，我定睛一看，这两个人里，左边一个不是……窦鹏吗？他来这里干什么呢？

我试探着喊了一声："窦鹏？"

他扭过头来看到我，有点疑惑，我连忙自我介绍："我是张晶的朋友，上次在健身馆见过你的。"我努力想唤起他的记忆。

"哦，你好你好。"他笑了。笑得很阳光，真是可爱的男人，我非常替张晶惋惜，虽然我猜他并未认出我来。

"你来我们广告部有事吗？"我问他。

"也没什么。"他笑着说，"我们健身馆在你们这里的广告出了点小问题，我来协商一下。"

"不错嘛。"我没心没肺地说，"升职了？从业务经理变成公关经理了？"我笑着问。

没想到，他竟然愣住了，仿佛没听懂一样。

这时，他旁边的另一个男人，非常不满地纠正说，"窦总一向很多事情都亲力亲为的。"

这回轮到我愣住了。愣得非常彻底，简直是目瞪口呆。连窦鹏跟我说再见都没反应过来。

他？是？窦总？老板？那张晶她……竟然活生生地错过了到嘴的肥肉？也是啊，一个业务经理怎么会出手那么大方？怎么送健身卡？怎么会开名车？一向精明的我们竟然从来没有考虑过这些……

失之东隅，收之桑榆。失之东隅，收之桑榆。失之东隅，收之桑榆。我在心中默念三遍，替张晶悲欣交替，有点承受不了。

立刻飞奔回办公室给张晶打电话。

"窦鹏，窦鹏他……"

"他什么他？"张晶很不耐烦。

"他不是什么经理啊……"

"啊？连经理都不是？只是个业务员？"

"不是，不是！"我急得差点口吃。终于大喊一声："他是那家健身房的老板！你碰到钻石王老五了啊！"我激动得仿佛是自己遇到了似的。

"什么？"张晶的震惊大过了喜悦，不过她很快反应过来，非常遗憾地说："但是我已经拒绝他了啊。"

"拒绝有什么关系？现在再去也来得及啊。"

"那不是很没尊严？"

"尊严跟钻石王老五哪个重要？"

张晶竟然犹豫了很久，如果是我，早就大喊出来："当然是钻石王老五重要!”

但是张晶是个高尚的人。她愣了一会儿说:“再说吧。”

犹如被一盆冷水浇了脑袋,我非常的扫兴。这家伙怎么回事,这么好的机会。能遇到这种机会,简直是天上掉馅饼啊。真是皇帝不急太监急。

不过由此我倒是对张晶有点刮目相看,虽然我们一个比一个喊得大声:要嫁个有钱人!要有钱!要有钱!其实都是喊喊的,真遇到的时候,倒似乎有点被吓住了。

这天晚上,张晶为了弥补我中午的损失,答应陪我去看房子。

在路上我还是忍不住问她:“你真的不去找窦鹏啊?”

她很骄傲的说:“要找他自己来找我啊,我才不去。”

真奇怪。张晶的自尊心总在非常不合时宜的时候起作用。

这么想着,已经到了我要看的房子。这是离我们报社不远的一间房子,有点旧,掩藏在一个树丛中,顶楼,装修基本可以保持不动,直接搬进去,这是我最为看重的一点。

张晶先是埋怨房子空间不合理,接着又觉得房子的楼层太高,楼道又没有灯。她拉住我悄悄问,“你住在这里我们怎么能放心啊,再说,你真的想好了吗?”

“想好什么?”

“你买房子不是明摆着跟詹京分手吗?你自己想想好。”

我想好了吗？我自己问自己。

或许我该去请教陆微。

陆微只扔给我一句话："男女关系的最高境界就是：忽视男女关系。"陆微的又一名言就这样诞生了！"男女关系不是生活，生活是自己的。"我与张晶频频点头，并且表示对以前觉悟太低而深感惭愧。

史上最突兀的求婚

我决定一口气把这些话全部说完，尤其要着重强调：一个男人对一个女人最大的诚意就是娶她。这句话一定要说得掷地有声。

我的买房计划进行得并不是那么顺利，因为我最重要的资金支柱我的父母，非常反对我这个想法。

自从我毕业工作之后，他们就觉得他们的人生中只剩下一个问题，那就是，我什么时候能给他抓个乘龙快婿。

开始的时候，我爸爸对女婿的要求很严格，首先，学历要比我高，至少得是个硕士。其次要有房子。我爸爸坐在他的太师椅上，很严肃地说："我的女儿，怎么能跟别人一起供房子呢？"第三个要求更加匪夷所思，要会做家务。

当时我已经工作一年多,完全知道老爸这是在痴人说梦。但是我没有拆穿他。

果然,第二年,我爸就把要求改了。条件变成:学历,本科就好了;房子,他能付个首期就好了,月供就一起吧;至于家务,我爸说,其实能做些力气活就好了。但是,这年头还有什么力气活好做呢?

只一年,我的价格就下调百分之五十,我愤愤不平,但是毫无发言权,我老爸甚至声称要托他的老同学给我找男朋友。

到了第三年,我老爸的所谓要求已经溃不成军,学历……其实大专的有些男人也不错。房子……其实我们买也没关系……家务……栗子! 你看你,从小就懒,家务都不会,快点学。

女人贬值的速度之快,真是令人绝望。

其实这几年,我已经有过两次漫长的恋爱史以及好几次摆不上台面的短暂爱情,但是因为这几段恋爱都没有上升到可以结婚的程度,因此我没有向爸妈透露什么风声。我怕一旦透露,不想结婚的也必须结婚,想结婚的搞到要分手。世界上好多事情,都不能向父母透露过程,只需要告诉他们结果就好了。过程必须自己默默地搞定。

而更重要的原因是,我的生活早已经在爸妈能够接受和理解的范围之外。我们已经不存在任何可以沟通的可能。对我的生活,爸妈一无所知。他们不仅不知道我谈过恋爱,更不知道我已经预感到自己嫁不出去的结局。我跟爸妈就像两条永远不可能相交的平行线,我们爱对方,但是我们不能想象对方的生活。

所以,当我告诉他们我要自己买房子并且想向他们借钱的时候,他们暴跳如雷,差点骂我“不孝女”!

“你又没结婚,买什么房子?”

“没结婚就不能买房子了?”

“你现在买了这个房子,结婚的时候还要卖掉换大的,多麻烦?”

“难道我不结婚就不能好好地生活?我难道就为了结婚而存在?”

我彻底愤怒了,摔了电话。

这是我第一次摔父母的电话。摔完电话后我决定跟詹京好好谈一谈。

男人最怕的两句话,第一句是:我们结婚吧。

第二句是:我们谈一谈吧。

第一句我早就说过了,我决定说第二句。

这天晚上,仿佛是为了配合我,他回来得特别早,早得令我有点诧异。他随手关上门,看到我一脸沉重地坐在客厅里,便小心翼翼地问我:“怎么了?见我回来反而不高兴了?”

“没事。”我漫不经心地说,“明天一起吃晚饭吧。”

我顿了顿，说出了让他害怕的一句话：“我想跟你谈谈。”

“谈什么？”他果然很紧张。

“到时候再说吧。”我依然漫不经心。

他有点好奇。“什么事情不能现在谈？”

“总之，明天再说吧，晚上7点，我们第一次见面那家餐厅。”

我说完便回房间去了，把门重重关上。

第二天，我特地穿得隆重了一点。坐在办公桌前，回忆过往，不由得然神伤。我们要摊牌了，像任何一对走到无路可走的情侣一样，我们要亮出自己的底牌。我要告诉他，我不想再过这么混沌的生活。我要买房子，自己过，我要离开他。想到这里，满腔的热血沸腾。

晚上，我早早地到了，坐下来调整呼吸，练习语调。这里是我们第一次见面的地方，不妨也就作为我们摊牌的地方。我积聚了勇气，不能向前，至少可以撤退。

我练习我的开头，詹京，这两个字一定要喊得深情。

詹京，我觉得，我们应该分开一段时间。

不行，像港剧。

詹京，我们就这样吧。

不行，莫名其妙。

詹京，我觉得，我们都应该开始新的生活。

不行，像是训导员。

我头昏脑涨，原来说一句精彩的台词这么难。我开始原谅那些国产连续剧的导演，更原谅为什么港剧中说来说去就是那几句，因为好不容易想到几句经典的，当然要用个够本。

我想了好半天，仍然一筹莫展。我甚至想，其实没必要想这么多，说不定他会先跟我说，栗子，我们分手吧。

那我只需要点头就是了。然后转身就走。

詹京迟到了半小时，他进来的时候，我已经紧张到松弛了。自暴自弃地想，无所谓了，在一起这么久，何必要说什么精彩的台词，直接把意思表达一下就完了。我的意思就是，我想开始新的生活，想买个房子自己住，并不是对这一切都有什么不满，我只是不想再这样混沌地过下去。一个男人对一个女人最大的诚意就是娶她。如果没有，那OK，我们不要再拖了。

我决定一口气把这些话全部说完，尤其要着重强调：一个男人对一个女人最大的诚意就是娶她。这句话一定要说得掷地有声。

詹京坐了下来，我抓紧了餐布，准备开始演讲。结果，还没等我开口，詹京看了我一眼，喊招待拿了菜单过来。

我提起的心又放了下去，也好，等点完菜再说。

詹京点了菜，又看看我，才问："你有什么事要跟我说？"

我深呼吸一下："是这样的……詹京……"

“等一下!”我还没能继续说下去,他的手机响了。他说了声SORRY,便去接手机。

我忽然地爆发了。或许是压抑太久的委屈与不甘心。有什么好说的,我问自己,还有说什么的必要吗?

我猛地站起来,推开椅子就往外走。我一边想一边往外走,忽然觉得自己脸上凉凉的,拿手一抹,竟然全是眼泪。我竟然很没出息地哭了。

我边哭边走,结果出门时没找准大门,一头撞在饭店门口的玻璃上。我大声冲旁边的小姐嚷:“你们把玻璃擦这么亮干嘛?”

嚷完,好不容易推开玻璃门冲到大街上,我已经哭得不可抑制。

詹京追上了,一把抓住我:“你看你,哭,哭什么哭?”

我哭得不能自已,一句话都说不出来。大街上人来人往,没有人像我这么伤心,他们都奇怪地扭头看我。不管了,丢脸就丢脸了。我甩他的手,一甩,二甩,没有甩脱。

他又继续说,“你看看你,脾气这么坏,又喜欢哭,三句话说不到甩手就走。你这样谁敢娶你?”

“不用你管!我就嫁不出去你不服气啊?我就嫁不出去,就嫁不出去。有种你嫁一次给我看看,说什么风凉话!”

“我是男人,嫁什么嫁。但是……你实在这么唧唧歪歪不如我把你娶回去算了。”

一时间，万籁俱寂，我以为自己哭坏了脑袋。忍不住抬起头来问，“什么？你刚才说什么？”

“我说，没人敢娶你，我娶你算了。”他这次声音大了点，但是我还是觉得自己没听清楚。

就这样，我遇到了历史上最突兀的求婚，以至于我愣住了，完全没了主张。

然后我们又回到饭店去吃饭，吃完饭回家，一直都没再谈起这个话题。睡到深更半夜的时候，我忽然又怀疑自己的大脑出了问题。我一把把他摇醒。

“干什么呀？深更半夜的。”

“你今天晚上跟我说要我跟你结婚？你是不是说过？”

“好像是啊。”他说完，倒头又睡了。

这么说，难道是真的？我孜孜以求的东西忽然出现了？！我要跟他……结婚？

我一夜未眠地醒到了第二天早上，然后如行尸走肉一样地去上班。

这就是我等了很久很久很久很久……呃，其实也就是几个月……的话么？

我坐在办公室里苦苦思索，为什么我听了之后没有高兴、兴奋、激动、雀跃?

我究竟是爱上了结婚这个名词还是动词?

我我……我竟然被这两个字吓住了!

我想给陆微打电话,还想给张晶打电话,但是最终我没有给她们其中的任何人打电话。

世界上有些人就是那么怪,当一直追求的东西放到自己面前的时候,才明确地知道,原来,这并不是自己想要的。

世界上有些人就是那么怪,遇到一点小事就喜欢找人倾诉,喜欢被人教训,真的遇到大事之后,忽然就沉着冷静地把事情解决了。

我撑着头想了一会儿,然后给那个二手房的房东打了电话。我签了那份二手房的合约。我拿出了自己这几年存的所有钱,把首付付了,贷款数额或许有点多,但我还是咬咬牙觉得自己能够搞定。

詹京没有再继续提结婚的事情,或许他在等我向他发问,或许他也是一时兴起,也可能只是为了安慰我。第二天他又出差了。

而我……带着表哥把我的东西都搬到了新居。

表哥在此过程中一直不发一言,而我也沉默地不说话。

没想到搬家是如此简单的事情,把东西打包之后,不过是两三个大包,本来,在这个家里,我一直就是个过客。

把钥匙放在了桌上，留了张简单的字条分手，然后把门关上，我站在门口，并没有哭。

有轻松，有难过，但是我没有哭。

不知道是不是故意，这一年里，我似乎想把什么东西都丢了。我丢了一个暧昧的处男，还丢了一个同居了一年多的男朋友。

这27年来或许我从来没有认真长大过，而我从此时起，才真正长大。

搬进新居之后，陆微和张晶来看我，带了礼物，我们坐在我家——我终于有自己的家了——我们坐在我家的阳台上，忽然气氛变得那么伤感。

我并未有美好结局，谁都不曾有美好结局。

而我们的理想，离我们还那么遥远。

詹京没有来电话。也没有找我。

这大概就是成熟男人的做派。

我坐在阳台上喝得半醉时想，如果我到了快40岁的时候，也要像詹京这样，不追究，不废话……但，就在这个时候，我哭了。

爱上伪处男的错觉

陆微笑了笑:“喜欢是喜欢,但是要记住一个最重要的信条,千万别为一个男人改变人生。我只是不会跟他去而已,也不排除我明年自己去法国玩啊,顺便看看皮埃尔,重温一下旧梦。”

时间过得那么快。

一年365天,就这样迅速地飞逝而去。我们仨,竟然由27岁,眨眼便要升级到真正的28岁了!虽然这个数字是个整数,但是,我们还是宁可不要它。如果有可能,我简直想立刻飞奔回23岁。虽然23岁这个数字听上去挺傻的。

23岁,我在干嘛呢?回头看过去,我忽然发现自己对于年轻时的事情毫无记忆,好像我年轻的时候什么事情都没干过似的。

基本上,年轻不过是如此,玩也玩了,美好也美好了,但是却没有什么东西沉淀下来。

23岁,我有着非常年轻的身体、非常奇怪的发型、非常黯淡的衣服。因为那时候觉得最要紧是要有个性,追逐非常奇怪的潮流。而且还约会着非常奇怪的男朋友。每天都很骄傲,觉得跟在身后的男人都是白痴。当然事实证明,最白痴的应该是我才对。

我曾经让一个男人在我楼下等了半天,而我在上面看电视做面膜。后来他不来等了,我觉得如释重负。当然,现在他开着汽车,带着美女老婆,生活美好得很。

有次下雨,我坐的公交车坏了,又打不到车,正站在路边骂娘,结果竟然遇到他。他跟妻子出去吃饭。妻子的腹部已经隆起,可能是要生宝宝了。他热情地要载我一程,我虽然很想表现得有志气,拒绝他。但是雨实在是太大了,只好狼狈地上了车。坐在车上,看着他和他妻子,真是五味杂陈。

张晶说:“没什么奇怪的。前男友一般都在你落魄的时候出现,以显示你以前有多么蠢,选择有多么错。”

“但是,确实想不到嘛。”我埋怨,“他那时候满脸痘痘,一脸傻气……”

“确实不怪你。”陆微很宽容地说:“你又不是巫婆,怎么可能预测未来呢。再说了,本来栽树的风险就很大。运气好树才能长高,长出来的果子还很有可能被其他人抢走吃掉。像我们这么聪明的女人,当然等别人栽好了树去乘凉啦。”

“真是好有见地!……但是,如果万一没有树下空着呢?”

“什么万一不万一的?这种事,不成功便成仁啊。”

多么残忍而危险的世界啊。

我知道有个人,她栽的树已经被别人抢去乘凉了,那就是我表哥的女朋友。

我那个表哥,老老实实地过到了30多岁,一直混混沌沌,浑浑噩噩,不知怎么搞的,见了陆微后,忽然发了神经病,将他囤积了30多年的能量全发挥出来了。囤积了30多年的能量和压抑啊,非常可怕的!先是天天约陆微吃饭、兜风,一辆小破车开到要漏油。接着开始对我抱怨陆微脚踩两只船,恨不得陆微赶快甩掉那个法国人。

我觉得他非常莫名其妙。陆微又没有说过她喜欢我表哥,干嘛要为我表哥甩掉法国人呢?但是我跟表哥毕竟血浓于水,我只好安慰他,那个法国人马上要回国了。

他喜上眉梢:“好好好,回法国去。中国老待着有什么意思。他什么时候回我愿意免费送他去机场。”

“但是……”我给了他一个转折。

他连忙问:“怎么了?怎么了?”

“陆微在考虑要不要跟他去法国。”

“啊?”表哥听到这里,似乎要崩溃掉。“去法国干什么?那里有什么好?”

我连忙安慰他:“别急,别急,她还没决定呢。听说她今天下午就要跟法国人见面谈这件事情。”刚说完,我就意识到自己多嘴了。

但是为时已晚,我表哥拼命问我:“几点?在哪里?你快告诉我吧,好表妹,我送台最好的冰箱给你。”

“冰箱?我喜欢!但是,真的是最好的吗?”

“绝对是。”

“好像,是在一家墨西哥餐厅。”我叹了口气,没办法,只好和盘托出。毕竟血浓于水啊,况且还有电冰箱。

这一整天,我都提心吊胆,不知道我的宝贝表哥究竟想干什么。到了下午,我终于忍不住给他打了一个电话。

“你在哪里?”

他压低声音说:“墨西哥餐厅啊。”

“你在那里干什么,你神经病啊。”

“我在跟踪!”他得意地说。

“跟踪?你跟踪陆微干嘛?你贵庚?还玩跟踪?”我气急败坏。

“放心,我不干嘛,我就是怕她一时冲动跟那个法国人跑到法国去,以后后悔一生啊。你就别担心了,我现在跟罗笠在这里呢。

到时候就说是偶遇吧。”

“罗笠?”我忽然听到这个名字愣了一愣。熟悉的陌生人。但是随即又恢复了平静。说到底。其实什么事情都没有发生。

我嘱咐表哥一句,“你可千万别乱来,免得陆微生气。”

“不会,不会。”他连忙保证。

我这才把电话挂了。

当然,那天的精彩,是我这个局外人无法感受到的。晚上,根据我表哥的汇报,陆微一进门就看到了他,神情非常意外。她跟法国男朋友谈了两个多小时。我表哥紧张得喝了好多水,后来只好不停地去洗手间。

最后,法国人站起来,亲吻陆微的脸,我表哥差点想冲上去,被罗笠拦住了。后来法国人先走了,很明显,陆微拒绝了他。我表哥很愉快地走上去邀请陆微晚餐,结果陆微很奇怪地看了他和罗笠一眼,拂袖而去。

说完之后,他很担心地问我,你说:“陆微会不会生气了?”

“生气谈不上,但是,不高兴是肯定的。你也是,你有什么资格跟踪人家?你都30多岁了,大脑还这么秀逗。”我忍不住训斥他。

女人总喜欢教训别人,仿佛全世界就自己最有道理。

我表哥唯唯诺诺的,不敢吭声了。

我也懒得理他,自从我一个人住之后,就迷上了家居店,每天就喜欢搬各种小玩意回家去，像一只勤劳的蚂蚁。

没多久，张晶首当其冲地迈入了28岁的门槛。她的生日到了。我们约好聚到一起，给张晶过生日。我跟张晶先到了，陆微照例迟到半小时来显示其重要性。我看见陆微，有点心虚。因为上次表哥的事情肯定让她觉得很尴尬。而向表哥透露敌情的，正是我啊。

我们给张晶切了蛋糕，祝她永葆青春。

“怎么永葆啊，都28了，很快就变成残渣了。”张晶伤心欲绝。

“怎么会呢，这样吧，以后每个生日都当28岁过，从此以后你就永远停留在28岁好了。”我自以为是地提出这个主意。

“自欺欺人。”张晶并不满意。

陆微则问我们：“你们说，皮埃尔马上回法国了，我决定跟他过最后一个浪漫的夜晚，有什么好主意吗？”

“珠片内裤加烛光晚餐啦。”张晶大声倡议。这种主意，也只有张晶能想出来。

我忍不住问她：“怎么不去法国？你不是一直喜欢法国的吗？”

陆微笑了笑，“喜欢是喜欢，但是要记住一个最重要的信条，千万别为一个男人改变人生。我只是不会跟他去而已，也不排除我明年自己去法国玩啊，顺便看看皮埃尔，重温一下旧梦。”

“那我表哥怎么办?”我又忍不住地问道。

“怎么办？你表哥是个白痴,还能怎么办?”

虽然我觉得她说得很有道理,但是还是忍不住为我表哥抱不平。“他也是因为喜欢你嘛,所以才跑去看你。”

“我倒不是怪他跟踪我,我奇怪的是,他干嘛拖着另外一个男人跟踪我,而且,巧的是,那个男人还跟我上过床。”

“什么?!”这声大叫,把陆微和张晶都吓了一跳。

“干嘛这么激动。”陆微问我,“这有什么奇怪吗？我不是早告诉你,我曾经遇到一个老实的处男,一夜情了一把,就是你表哥拖来的那个男人啊。”

“但是……”我一下子哑口无言,不知道说什么才好,憋了半天,才说:“他……他就是那个我一直没搞定的处男啊。”

这下轮到陆微诧异了,她愣了很久,才非常郑重地说,“我负责任地告诉你,他 29 岁的时候还是处男,但是 29 岁以后,绝对不是了。”

“也好,也好。”我喃喃地说,也不知道自己究竟在说什么。

听完陆微的话之后,再想象那天他们见面的情景,真是太有意思了,堪称是史上最复杂的见面局势。三男一女的复杂关系,只有陆微才能搞出这么隆重的阵容出来。

我问了陆微一句:“他认出你了吗?”

“当然。他看到我的表情那么惊异,我就知道他认出我了。不过,估计他宁愿不认识我。”

“是呀,要结婚的男人了。”

我们齐齐叹了一口气。心情非常复杂,用五味俱全也不足以形容。

大概过了半个月,罗笠就结婚了。这个消息,还是通过我的表哥告诉我的。

“罗笠结婚了。”与表哥吃饭的时候他跟我说。

“哦。”我又夹住一块鳕鱼,并不理他。

“你难道不想说点什么?”

“说什么? 根本就没什么好说啊。”我再夹一块鳕鱼。

“拜托。你把鳕鱼全吃掉了我吃什么啊?”

“让一块给你啦。”我只好把筷子上的鳕鱼让给他。

他见我良心发现,连忙投桃报李,说:“他结婚前一天,出来跟我喝了很多酒啊。”

“单身最后一天当然不醉不归了。”我依然表情木讷。事实上,对于我这次狼狈的失败经历,我希望尽快忘记才好,偏偏表哥如此不识趣,真是令我不爽。如果可以杀人灭口就好了。我满心都盘旋着四个字:杀人灭口,杀人灭口。

“唉。算了。你不想知道我就不跟你说了。”表哥非常不满足地放下了筷子，又忍不住再问一遍，“难道你真的不想知道人家到底对你怎么想？你真的不想知道他是如何总结你们的关系？你真的不想知道他究竟有没有对你有一点特别的想法？”

“不想。非常不想。极端不想。”

“那好吧。”

我们干脆利落地结束了这次的谈话。对于一个处男，不，应该是一个伪处男来说，或许我这剂药太猛了一点。又或许，我们本来就是在错误的时间和错误的地点产生了错觉而已。

我变成了一个略微有点沉默的人。自从一个人住之后我感觉自己似乎变得深刻了一点，这种深刻，是旁人无法体会的，我变得比较喜欢独处，比较喜欢寂寞，比较喜欢想事情，不再像以前一样，一个人待着就受不了，非要跟一群人在一起才觉得安心和安全。

孤独是一个人的狂欢，狂欢是一群人的孤独。有首歌这么唱。

或许这就是我的人生了。27岁时我的人生奇峰突起，然后归于平静。

周末时，我经常跟张晶坐在茶社的露天座位上，觉得人生充满了荒诞和荒芜感。

独居女人。张晶已经执著地用这个词来称呼我。我以为买房之后会赢得她的羡慕,结果我不幸地发现她的情绪更倾向于幸灾乐祸。我决定打击她的嚣张气焰。

“高翔后来找你了吗?”我问她。我擅长的一项是哪壶不开提哪壶。

结果她毫不在意,轻轻巧巧地说:“没,他敢来! 一杯水泼上去还不够啊? 难道还想再被泼一次? 再来,我只有再泼他一瓶水。别无选择嘛。”

我为她的觉悟大为震惊。她抬了抬墨镜,忽然推心置腹地说,“我现在觉得,当时跟他在一起,目的性太强了,就是想结婚。目的大于一切,其他全忘了。27 岁,大概是女人的一道坎儿,太急了难免出错。马上,我就 28 了。坦然了。享受生活最重要。”

说完,她很愉快地往后靠在椅子上,吐了一个烟圈。

说实话,这简直就是我现在的心声。

“烟圈吐得不错啊。”

我发誓,这句话绝对不是我说的。我跟张晶同时惊讶地回了头,窦鹏英姿飒爽地站在那里。幸好有墨镜,不然张晶的眼睛会掉下来。

他拉了张椅子,缓慢地坐在张晶对面。然后,低下头,指指自己的头顶,说:“张晶同学,拜你的铅笔盒所赐,我这里还有块小疤痕呢。你就这么逍遥法外,是不可能的啊。”

张晶看看他，把墨镜拿下来，往桌上一放，非常酷地问："那你想怎么样？"

我立刻又变成隐形人了。

我忽然想起张爱玲的句子，我变得很低，低到尘埃里去。我觉得，此时我已经可以低到地球那头去了。

28岁开始的新生活

结婚,只是另一段烦恼的开始。但是无论如何,至少这个烦恼与以前的烦恼将会有所区别。人不能总是原地踏步嘛。

成为单身独居女人之后,烂桃花就泛滥不已。

烂桃花往往出现得有迹可寻,某个细节,某句话,某个眼神,甚至就是大张旗鼓的宣称:嘿,我就是烂桃花。

空窗期里遇到任何桃花,不管大小忠奸,前后左右,红白黄粉,都还蛮受用的。

当然,很快,事实将胜于雄辩地证明:烂桃花消失的速度,会比他出现的速度迅速得多,可耻得多……

男人一旦知道你单身且独居,就一下子两眼放光,也不管你是否符合其审美标准,直觉有便宜一定要占。

于是经常有人送我回家。送到楼下又要送上楼。送到门口还想送进门,理由是顺便喝杯茶。

有教导单身女人的话里说:最好不要让初次约会的异性知道你住所,若对方坚持送,那么到楼下即可——相信我,他不"顺便上去喝杯茶"也不会渴死。

我当然赞同,但是每次推脱推脱,也好累。

这年头,男人一个比一个厚脸皮,女人一个比一个彪悍。

到后来,遇到任何男人,我都告诉他,我跟父母一起住。

每当这些时候,我会偶尔想起羞涩的 30 岁的处男罗笠,不知道他的婚姻生活幸福与否,但是无论如何,他在这个年代,也算是难得的珍品。如此一想,倒也释然。

我们曾经莫名其妙地暧昧过,那是因为我们那时候都处于惶惑的时期吧?我们不知道自己该干什么,不知道自己该怎么生活,不知道自己该跟什么样的人一起生活,所以我们像两只没头苍蝇一样,碰到一起,想拿对方当作救星,但却根本不知道怎么拯救自己。

然后,他结婚了。我买房了。我们心情平和,才发现我们之前的荒诞可笑。想到这里,我有时候又觉得蛮有趣的。

我想我已经到一定境界了,据说认为"男人都是猪"的女人幸福几率更大一点。如果是真的话，那么我的幸福几率还真是蛮大的，因为我认为“男人虽然都是猪，但总还有可爱的一面”。

我这边兵败如山倒，张晶则春暖花开，捷报频传。

天真的人是会有福的，看到张晶，我便相信这一点。这厮已经乐不思蜀。她的口头禅由“高翔说……”改成了“窦鹏说……”但是她表示，她对窦鹏觉得自己胜券在握，因为经过了那么长时间的锻炼，她觉得自己领悟了男女关系的真谛。

“什么真谛？”我很奇怪她竟然能领悟真谛。

“真谛就是……人不犯我，我不犯人，人若犯我，我必犯人……”

我觉得她的大脑再次变异了。

自从单身，我的时间多得简直用不完，开始与张晶去健身了，去练习普拉提。

张晶这么教导我。“根据创始人约瑟·普拉提(Joseph Pilates)说，上十课 Pilates 你会感觉到分别；上二十课你会见到分别；上三十课你会得到一个全新的身段。”

“真的假的啊？”我有点疑惑。

全新的身段？一尺九的腰？这目标太诱人了。

我们的目标如此短浅，而陆微的目标则变得非常遥远。

“我决定去法国，开启新的人生。”这是她的原话，在她生日那天说出来的。

“28岁才开启新的人生？会不会太晚?”张晶问她。

“不晚，一点都不晚。40都不晚。”

超级优等生陆微在28岁时余威仍在，考取法国一所学校，毅然决然地走了。并且答应给我们寄各种法国货回来。

总之我们开始了新生活，因为我们的观念得到了更新，有了天翻地覆的变化。连陆微都赞扬我们：有觉悟。这个词，她一般用来表扬自己，很少借给我们用的。

我还是经常与我30岁的表哥吃饭，30岁的表哥，在30岁的而立之年，与女朋友分了手，过起了放浪形骸的生活。

所谓放浪形骸，最典型的例子是他在三个月里竟然换了四个女朋友。

“没想到，过了30岁的男人，可选择的对象这么多啊。”他得意得要死。又非常幸灾乐祸地说，“但是，过了30岁的女人，好像情景都不太妙了。”

我拿起一本杂志摔在他脑门上。但是心里又不得不承认，男女势力的转换，关键点就在30岁。30岁前，男人追着女人满世界跑，情状难堪又惨烈，女人个个觉得自己是金凤凰，轻易还不肯停在树枝上。30岁之后，形势忽然出现大逆转。男人发现自己浑身充满能量，有一群20多岁的女人围着他们转个不停。而30岁的女人却发现自己的身边忽然变得空荡荡的，连随便找棵树歇息一下都有点难。

但是,我问表哥,"你干嘛换了这么多女朋友呢? 才三个月。"

"因为……她们虚荣又傻,虽然脸蛋漂亮,但是有什么用呢? 唉,根本不能与我进行灵魂的交流嘛。"

"你哪有灵魂啊? 那你说谁能跟你空虚的灵魂进行交流呢?"

"陆微啊。"

"但是人家已经去法国游学了。"

"是啊。女人快到 30 岁,才会真正成熟,知道自己要什么,并且这么坚定有魄力。"表哥终于承认,成熟的女人也有可爱之处。

听他这么说,我忽然对自己的 30 岁充满了憧憬与乐观。

不久,张晶已经开始与窦鹏商量结婚的事。我们的归宿看上去都挺美满的。但是这并非童话,童话里,灰姑娘与王子结婚后就过上了美满幸福的日子。但现在这是真正的生活。结婚,只是另一段烦恼的开始。但是无论如何,至少这个烦恼与以前的烦恼将会有所区别。人不能总是原地踏步嘛。

张晶问我,"一克拉的钻戒会不会太小?"

"你非要以克拉来衡量幸福吗?"

"也不是啊。有时候用美元。"她大言不惭地说。

我陪她去试婚纱。她的长发派上用场,可以做成很好看的发型。

据说对这桩婚事最满意的是张晶的妈妈。“太好了。”她妈妈说,“终于心安理得了。当年张晶打坏他的头,我愧疚到今天,现在把张晶嫁给他,我就不用愧疚了。”

张晶对自己扮演的这种还债的角色略微有一点不满,当然,只是一点点而已。

她还得意地告诉我,“原来,第一个看光我身体的男人,就是窦鹏。”

“看光你身体?”

“是啊。看到我一张半裸照片。”张晶竟然很漫不经心地这样回答我。

“你难道拍过裸照?”我完全崩溃了。

“很奇怪吗?小时候刚生下来时的照片啊。被妈妈抱在怀里。原来我初中竟然带给他看过!”

我啼笑皆非。“你竟然初中的时候就用裸照勾引人家,怪不得他惦记到今天。”

她甜蜜地说:“是啊,真有趣啊。栗子,我想,或许我的婚纱照应该拍张裸照做纪念。”

“这个……这个……”我实在不知道怎么回答她。但是她已经一转身又去试另外一件婚纱了,仿佛自己刚刚什么都没说过。

幸福的女人,大脑都不正常。而且奇怪念头层出不穷。

坐在婚纱店里等待的时候张晶问我:"你知道吗? 露露离婚了。"

"一点都不奇怪。不离婚才奇怪。"我的反应非常有大将风度。

"她跟丈夫的表弟结婚了?"我问她。

"好像也不是,不过她的丈夫倒是和前妻复婚了。"

"吃回头草这种事情都做得出来?"

一向偏激的张晶忽然低声说:"只要当事人觉得幸福,又有什么关系呢?"

这就是要结婚的女人。温柔委婉。为天下所有夫妇祝福。从此后,单身人士在她们眼中就是草芥。一切幸福以家庭为前提。我的心情一片祥和。

尾声

嗨，原来你也在这里。

陪张晶试完婚纱之后我独自步行回家。经过漂亮的橱窗，经过年轻的情侣，经过一条条的街道。太阳非常好，晒在身上舒服异常。

此时是太阳明媚的下午，慵懒美好，真是适合与一个帅哥去喝咖啡啊。

可惜，没有帅哥与我喝咖啡……

甚至也没有女人与我喝咖啡。

幸福的张晶，远游的陆微。

我没有失去她们，但是她们确实将不能像以前一样，总是在我身边了。

她们的生活中,可能有了比我更重要的人。

想到这里,我当然伤感,同时又觉得,该为她们感到高兴……

这种高兴有点虚伪。因为,事实上,我觉得自己像是被她们抛弃了。

一个人在明媚的阳光下走着,竟然越走越伤心,越走越郁闷……

直到我忽然想到,我为什么不能一个人去喝咖啡?

于是转进旁边一家咖啡店,要了一杯卡布奇诺,顺手从杂志架上抱回一大堆杂志,女性时尚杂志对女人真是有种安慰,虽然那上面的东西我一样都买不起,那上面那种多金有品位还体贴的男人我一个也没碰到过,那上面的女人穿的衣服基本不能穿进现实,那上面的地方,比如北欧小镇、意大利田野我基本没机会看见,但是它好歹给女人造了几个美丽的梦。

我想象自己能挣点钱,休个年假,一个人去意大利的托斯卡纳,在金黄色的向日葵下享受意大利男人的礼仪——调戏,穿着我裙摆最大的白色蓬蓬裙……一边做白日梦,一边喝咖啡,一边偷笑……

然后我转头一看,忽然发现对面那桌一个男人从他的笔记本电脑后面探出头来,好奇地看了看我。

大概是很少见到一个女人独自坐在咖啡店里,面带笑意,好像花痴吧。

我理解地冲他一笑,继续看杂志。

结果对面的眼光依然不管不顾地横扫过来……虽然我没有直接看过去,但是依然能够感觉到。奇怪了……难道我今天这么有魅力?

我索性放下杂志,直接看着他。这么一看,心里暗喜,竟然是个清清爽爽的男人,穿了件条纹衬衫,戴了副黑边眼镜。我瞪他一眼,他有点不好意思,踌躇了一会儿……他终于放下他的笔记本电脑,走到我面前来……

我瞪着他,他看看我,欲言又止。

终于,他鼓足勇气对我说:你……嘴上有很多奶泡……

我……连忙往墙上的镜子里一看……果然,上嘴唇一条奶泡,像是长了条白色的胡子。我终于知道咖啡馆挂满镜子是为什么了。我强自镇定地拿起面纸,故作优雅地擦了擦,然后还很镇定地说了声:谢谢。

这个坏人!笑意爬满他的脸。我觉得那是幸灾乐祸的笑意。我真希望这个人马上从我面前消失啊。但是他竟然坐了下来。

“嘿,我很少见一个女人坐在咖啡馆看杂志哦。”

“怎样?我倒是经常见到男人装模作样在咖啡馆往笔记本上

敲敲打打，其实就是在玩游戏！装模作样！”

“我可不是，我可是正儿八经在写东西？要不你来参观下？”

“你是谁啊？我还不认识你呢！”

“慢慢就认识了……”

我真的是想义正辞严地拒绝他呢！我可是来咖啡馆喝咖啡的，不是泡男人或者被男人泡的！

但是……

谁知道呢？

“那我就勉为其难地认识一下你吧……”